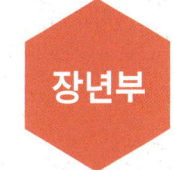

장년부

인성·영성교육

신앙속에서 인성교육을 공부하다.

지금 우리가 살고 있는 세상은 어느 때보다도
인성교육이 절실히 필요한 때입니다.

교인보감 3

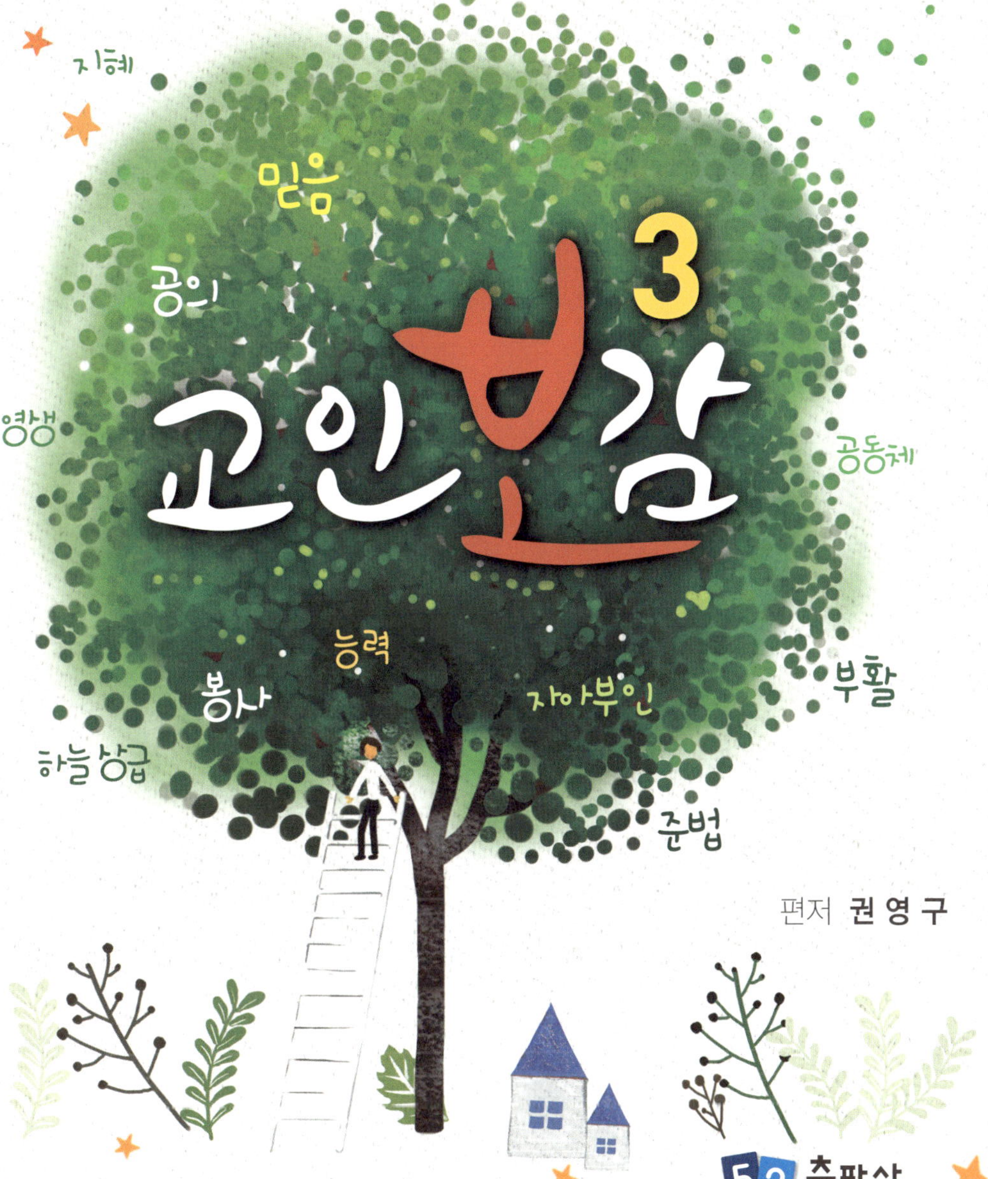
자기 십자가
제자
지혜
믿음
공의
영생
공동체
능력
봉사
자아부인
부활
하늘 상급
준법

편저 **권영구**

52 출판사
obyeongieo

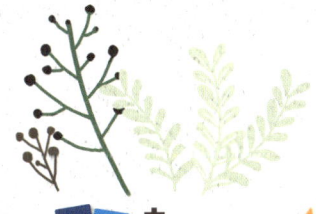

이 책의 머리말

교인보감 3집을 집필하면서 매우 어려움을 느꼈습니다. 그래서 많은 기도와 성령하나님의 도우심이 필요했고, 인내가 필요했습니다.

교인보감을 집필하려고 하면 많은 사건이 생기면서 여러 가지 시험이 오고, 마음과 생각을 복잡하게 하고 집중하지 못하게 하여 차일피일 미루게 합니다. 그래서 계획했던 것보다 몇 달씩 늦어지게 합니다. 그럴 때마다 마음이 상합니다.

하지만 이 책이 완성되어야 많은 사람에게 바른 마음과 생각을 가지게 한다. 그리스도인으로서 영성과 인성을 가지게 해야 한다는 생각으로 인내하며 집필하고 있습니다.

3집 집필 전에 CTS TV 방송국에서 교인보감 내용이 매우 우수하다며 교인보감 학습하는 모습을 수요일과 목요일에 계속 방송해 주었습니다. 그리고 많은 시청자가 좋다는 평가를 해 주셨습니다. 이런 소식을 듣고 고생한 보람을 느꼈습니다.

교인보감은 1, 2, 3집으로 구성되어 있습니다. 그래서 4년째가 되면 다시 처음의 과목을 반복하게 되는데, 그때는 암송구절과 이야기가 다르게 구성되어 있습니다. 이렇게 한 것은 지루함을 없앨 뿐 아니라, 같은 주제를 새로운 시각으로 보게 되고, 새로운 내용을 배우게 하기 위함입니다.

이렇게 4년마다 반복함으로써 그 주제를 확실하게 배우고 깨닫고 실천하도록 만들었습니다.

이 책은 현재 많은 사람에게 사랑받고 있습니다. 어린이, 학생, 청년, 장년에게까지 바른 인성을 가르쳐 주고 하나님을 섬기는 영성을 가르쳐 줍니다.

이 책에서 제시하는 방법으로 가정에서 사용하면 가정교육과 예절교육이 되고, 아이들의 마음과 생각을 바르게 변화시킵니다. 사람을 만날 때 예의범절이 있고 다른 사람의 옳고 그름을 파악할 수 있는 분별력이 길러집니다.

교회에서 사용하시면 교회에서 인성과 영성을 교육함으로써 하나님께서 원하시는 자녀들이 되고, 아이들이 마음과 행동이 바르게 되는 그리스도인으로 성장합니다.

이 책의 장점이 많으므로 시간이 갈수록 많은 사람에게 사랑받게 될 것입니다.

모두에게 유익한 책이 되기를 소망합니다.

이 책을 출판하는 동안 교정을 도와준 박영선 집사와 김예나 집사, 디자인과 편집을 위해 수고한 오정아 집사, 고우리 집사, 그림을 그려 준 이선희 청년에게 감사를 드립니다.

2016년 12월 20일
교회 사무실에서 **권영구 목사**

이 책의 구성과 특징

교인보감 소개

보감[寶鑑, 保勘] 뜻: '보배로운 거울'이라는 뜻으로, 본보기나 모범이 될 만한 것을 비유적으로 이르는 말

1집 52장
인성교육: 예절편, 가족편, 언어편, 인격편
영성교육: 교회생활편, 하나님편, 구원편, 계명편

2집 52장
인성교육: 감정편, 대인관계편, 자기성장편
영성교육: 개인기도편, 성령의 열매편

3집 52장
인성교육: 자기관리편, 사회생활편, 이성관계편
영성교육: 신앙정신편, 성령의 은사편, 마귀편, 종말편

교인보감 특징

01 교회에서 꼭 해야 할 인성교육을 완성하였다.
02 영성교육은 더 중요하게 다루었다.
03 탈무드와 명심보감의 장점을 사용하였다.
04 쉽게 할 수 있도록 하였다.
05 가족이 함께 실천하여 변화되고 성장하도록 하였다.
06 부모들이 자녀에게 꼭 가르치고 싶었던 내용이다.
07 자녀들의 이성, 감성, 표현력, 발표력, 논리력, 기억력, 사고력이 크게 발전한다.
08 지금 시대에 꼭 필요한 교육이다.
09 교인보감을 가르치는 교회에 아이들을 보내게 될 것이다(전도).
10 교사들도 변화가 된다.

교인보감 운영방법

01. 한 장을 읽고 암기하고 일주일간 실천하십시오.
02. 개인이 혼자 자습하면 됩니다.
03. 가족이 각각 나이에 맞는 책을 소지합니다. 모여서 같은 장을 읽은 후, 돌아가며 각 장에서 지시한 대로 발표하면 됩니다.
04. 일주일에 한 날을 정하여 가정예배로 드리며 가족이 각각 발표하게 하면 됩니다.
05. 각 장을 일주일 동안 실천할 수 있는 방법을 의논하고, 실천하기로 약속을 하기 바랍니다.
06. 교회에서 배운 장과 같은 장을 일주일 동안 실천하도록 집에서 지도하면 크게 유익합니다.
07. 실천하는 것을 매일 일기로 쓰게 하면 크게 유익할 것입니다.
08. 아이가 잘못을 했을 경우에는(예: 거짓말) 그에 걸맞는 제목의 장을 찾아서 읽게 하십시오. 화를 내지 않고도 교육이 될 것입니다.
09. 부모가 관심을 가지고 지도하면 놀랍게 아이가 달라집니다.
10. 부모가 관심이 없으면 아이는 형식적으로 합니다. 아무런 변화가 없습니다.
11. 일주일 동안 실천할 제목을 적어 집에서 잘 보이는 여러 곳에 붙여놓으면 더 효과가 있습니다.
12. 교회에서 사용할 때는 명언 대신 반대되는 성경구절이나 비슷한 성경구절을 찾아 처음부터 시작하십시오.

- 읽기만 해도 자녀들이 바르고 틀린 것을 깨닫게 됩니다.
- 자신의 부족함과 배워야 할 것이 많다는 것을 깨닫게 됩니다.

이 책의 차례

신앙정신편
영성교육

1장 기독교 사상 • 012

2장 자아부인 • 014

3장 자기 십자가 • 016

4장 제자 • 018

5장 고난 • 020

자기관리편
인성교육

1장 신체청결 • 024
2장 단정한 복장 • 026
3장 정리정돈 • 029
4장 술, 담배 • 032
5장 게으름 • 035
6장 도박 • 038
7장 IT(정보기술) 중독 • 040
8장 시간 관리 • 043
9장 금전 사용 • 046
10장 식탐 • 048
11장 방탕함 • 051
12장 욕심, 탐심 • 053
13장 불의 거절 • 056
14장 절약 • 059
15장 건강생활 • 062

성령의 은사편
영성교육

1장 지혜 은사 · 068

2장 지식 은사 · 070

3장 믿음 은사 · 072

4장 병 고치는 은사 · 074

5장 영들 분별 은사 · 076

6장 능력 은사 · 078

7장 예언 은사 · 080

8장 방언 은사 · 083

9장 방언통역 은사 · 086

3

사회생활편
인성교육

1장 봉사활동 · 090

2장 공의, 정의 · 092

3장 공사 구분 · 095

4장 개인차이 존중 · 097

5장 공동체 의식 · 100

6장 협동심 · 103

7장 준법정신 · 105

8장 부정행위 · 107

9장 자기권리 · 109

4

이 책의 차례

마귀편
영성교육

1장 마귀 · 114

2장 귀신 · 116

3장 우상숭배 · 119

4장 악한 영들 · 123

이성관계편
인성교육

1장 바른 성 의식 · 128

2장 이성친구 · 131

3장 동성애 · 134

4장 음란 · 137

종말편

영성교육

1장 하나님의 심판 · 142

2장 종말 · 145

3장 부활 · 147

4장 영생 · 149

5장 영벌 · 152

6장 하늘 상급 · 155

교인보감 3

01장 기독교 사상

02장 자아부인

03장 자기 십자가

04장 제자

05장 고난

Part 01

신앙정신편
영성교육

영성교육
기독교 사상

01 암송하겠습니다

(엡 5:2)

"그리스도께서 너희를 사랑하신 것 같이 너희도 사랑 가운데서 행하라. 그는 우리를 위하여 자신을 버리사 향기로운 제물과 희생 제물로 하나님께 드리셨느니라."

02 뜻을 말씀드리겠습니다

기독교(基督敎, Christianity) : 예수 그리스도를 구세주로 믿는 종교. 우리나라에서 특히 '개신교(改新敎)'를 이르는 말. 다른 말로 크리스트교, 그리스도교, 예수교라 함.
사상 (思想) : 사회, 정치, 인생, 종교 등에 대한 일정한 견해나 생각.
기독교 사상(예수 그리스도 사상) : 사랑, 희생, 봉사.

03 이야기하겠습니다

사도 바울은 유대인으로 성경을 많이 공부하여 바리새인이 되었습니다. 그는 자신이 세상에서 하나님을 가장 잘 믿는 줄로 알고 예수님 믿는 사람들을 핍박했습니다.

그가 다메섹에 있는 그리스도인들을 핍박하러 가는 중에 예수님이 빛 가운데 임하였습니다. 그는 3일 동안 소경이 되어 있다가 성령하나님의 말씀대로 예수님을 믿는 아나니아라는 사람에게 기도 받고 다시 보게 되었습니다.

그 후, 그는 새사람이 되어 예수님의 제자가 되었습니다. 예수님의 말씀을 열두 제자에게서 듣고 복음 전하는 전도자가 되었습니다.

특히 이방인을 사랑하여 복음을 전했는데, 핍박과 멸시와 억울함을 당하고 감옥에 갇히고 태창을 맞기도 하였습니다. 그러나 끝까지 예수님을 사랑하고 이방인의 영혼을 사랑하는 마음으로 복음을 전했습니다.

그는 많은 병자를 치료하고 귀신을 쫓았으나, 예수님의 가르침대로 아무것도 바라지 않고 봉사했습니다. 그리고 일생 결혼도 하지 않고 예수님을 위해서 자신을 희생하여 순교자로 목숨까지 드렸습니다.

사도 바울도 예수님처럼 사랑, 봉사, 희생을 실천함으로써 믿음을 보였습니다.

04 느낀 점을 말씀드리겠습니다

05 실천할 것을 말씀드리겠습니다

06 결심기도

07 매일 실천한 것을 일기 쓰십시오

02 영성교육
자아부인

01 암송하겠습니다

(눅 9:23)

"또 무리에게 이르시되 아무든지 나를 따라오려거든 자기를 부인하고 날마다 제 십자가를 지고 나를 따를 것이니라."

02 뜻을 말씀드리겠습니다

자아 : 자신의 사고, 감정, 의지, 체험, 지식, 경험, 사상이나 관념.
부인 : 인정하지 않는 것.
자아부인 : 자신의 모든 것을 인정하지 않는 것.

03 이야기하겠습니다

모세는 떨기나무 불꽃 가운데서 살아 계신 하나님을 만났습니다. 하나님께서는 모세에게 애굽으로 가서 자기 백성을 구출해 나오라고 하셨습니다. 하지만 모세는 강력히 거절하였습니다.

하나님은 손에 있는 지팡이를 던져보라고 하셨고, 지팡이를 던지니 뱀이 되었습니다. 다시 뱀의 꼬리를 잡으라 하셔서 잡았더니 지팡이가 되었습니다.

또 하나님께서 손을 품에 넣어보라고 하셔서 그대로 했더니 손에 순식간에 문둥병이 생겼습니다. 다시 품에 넣었다가 꺼내니 정상이 되었습니다.

하나님은 "이와 같이 너와 함께할 것이니 애굽 왕을 두려워하지 말고 가서 이스라엘 백성을 구출해 나오라."라고 말씀하셨습니다.

그런데도 모세는 "나는 입이 뻣뻣하고 혀가 둔한 자니이다"라고 말하면서 "오, 주여! 보낼 만한 자를 보내소서."라고 거절하였습니다.

하지만 결국 하나님의 강력한 말씀에 순종하기로 하고, 자기 생각을 죽이고 애굽으로 내려가 죽음을 무릅쓰고 이스라엘 백성을 구출해서 나옵니다.

자기 생각을 꺾고 하나님 말씀에 순종하여 목숨이라도 드리는 것이 자아를 부인하는 것입니다.

04 느낀 점을 말씀드리겠습니다

05 실천할 것을 말씀드리겠습니다

06 결심기도

07 매일 실천한 것을 일기 쓰십시오

03 영성교육
자기 십자가

01 암송하겠습니다.

(마 10:38)

"또 자기 십자가를 지고 나를 따르지 않는 자도 내게 합당하지 아니하니라."

02 뜻을 말씀드리겠습니다

자기 십자가 : 자기가 해야 할 사명이나 책임.

03 이야기하겠습니다

예수님은 이 땅에 오실 때 사명이 있었습니다. 인류를 구원하는 사명입니다. 그 사명을 완수하시려고 서기관, 바리새인들의 반대와 핍박을 받으면서도 천국 복음을 전하시고 병자를 치료하시고 귀신을 쫓아내시고 제자를 삼으셨습니다.

예수님은 3년 동안 복음을 전하시면서 마귀로부터 시험도 받았고, 바리새인들에게 박해도 받았고 고향 땅에서 멸시도 받았습니다. 그리고 제자인 가룟 유다에게 배신도 당했습니다.

하지만 싫은 기색 한 번 내지 않으셨고, 자기에게 주어진 십자가를 끝까지 지셨습니다.

로마 병정들이 잔인하게 채찍질을 하고, 얼굴에 침을 뱉으며 조롱하고 옷을 벗기며 수치스럽게 하고, 머리에 가시관을 씌워서 고통스럽고 아프게 해도 참으시고 자기 십자가를 지고 죽으러 골고다 언덕으로 가셨습니다.

그리고 사람들의 죄를 대속하기 위해 십자가 위에서 못이 박혀 손과 발이 찢어지는 고통과, 옆구리에 창이 들어와서 피가 빠져나가는 고통을 참으셨습니다. 뜨거운 햇볕 아래에서 6시간이나 살갗이 타는 고통을 참으셨습니다. 마지막 숨을 거두시기까지 자기 십자가를 지신 것입니다.

모든 그리스도인은 예수님처럼 자기 십자가를 지고 따라야 합니다. 그래야 예수님의 참 제자가 되는 것입니다. 사람마다 자기 십자가가 있습니다. 그 십자가를 내려놓지 않고 죽기까지 지고 가는 믿음이 있어야 합니다.

04 느낀 점을 말씀드리겠습니다

05 실천할 것을 말씀드리겠습니다

06 결심기도

07 매일 실천한 것을 일기 쓰십시오

04 영성교육
제자

01 암송하겠습니다

(마 28:19)

"그러므로 너희는 가서 모든 민족을 제자로 삼아 아버지와 아들과 성령의 이름으로 세례를 베풀고"

02 뜻을 말씀드리겠습니다

제자(弟子) : ❶ 지식이나 덕을 갖춘 사람으로부터 가르침을 받는 사람.
　　　　　　 ❷ [기독] 예수의 가르침을 받아 그의 뒤를 따르는 사람.

03 이야기하겠습니다

성 프란시스에게 한 제자가 물었습니다.

"선생님, 선생님이 기도할 때는 하나님의 영광이 드러납니다. 그리고 선생님의 생애에는 놀라운 기적이 많이 나타나는 것을 봅니다. 선생님을 보고 있으면 성자와 같은 인격을 느낄 수 있는데 그 비밀이 무엇입니까?"

그러자 프란시스가 이렇게 이야기했다고 합니다.

"그것은 간단한 것이다. 하나님께서 이 지구를 내려다보시고 사람을 찾고 계셨다. 가장 추한 사람이 누군지, 가장 불결한 사람이 누군지, 고통 가운데 고민하는 사람이 누군지, 가장 병든 인생이 누군지 찾고 계셨다. 그 하나님의 눈길이 나에게 머물렀지. 하나님께서 나를 보시고 난 후에 '저 사람이다. 저 사람을 붙들어 내가 한 사람의 생애를 어떻게 변화시킬 수 있는지를 보여주어야겠다.'라고 생각하셨다. 그래서 나를 선택하신 것이다."

하나님께서 찾으시는 사람은 이 땅에서 뛰어나고 아름답고 잘못이 없고 지식이 많은 사람이 아닙니다. 하나님은 보잘것없는 사람을 찾으시고 부르셔서 변화시키십니다.

04 느낀 점을 말씀드리겠습니다

05 실천할 것을 말씀드리겠습니다

06 결심기도

07 매일 실천한 것을 일기 쓰십시오

05 영성교육
고난

01 암송하겠습니다
(롬 8:17)

"자녀이면 또한 상속자 곧 하나님의 상속자요, 그리스도와 함께 한 상속자니 우리가 그와 함께 영광을 받기 위하여 고난도 함께 받아야 할 것이니라."

02 뜻을 말씀드리겠습니다
고난 : 괴로움과 어려움.

03 이야기하겠습니다

　서울 변두리 제일 가난한 동네에 개척교회가 세워졌습니다. 그곳을 개척한 목사님은 성실하게 몇 년 동안을 목회했습니다. 목사님과 성도들이 땅을 다듬고 블록을 쌓아 50평 교회를 건축했습니다. 그러면서 교회는 조금씩 부흥되어 70명 정도 출석 교인이 되었습니다.
　하지만 목사님의 생활은 매우 어려웠습니다. 매일 국수와 수제비가 주식이었습니다. 목사님은 생활고를 견디다 못해 교회를 다른 교회에 매매하기로 했습니다. 그런데 이런 결정을 제직회를 거치지 않고 혼자 단독으로 하였고, 이 사실을 알게 된 집사들은 실망하고 분노했습니다. 하지만 달리 교회를 구할 방법이 없었습니다.

그때 과부인 한 여자 집사가 말했습니다.

"내가 살고 있는 집을 바치겠습니다. 그것을 팔아서 목사님에게 드리십시오. 그리고 교회는 그대로 두고 성도들이 계속 이 예배당에서 하나님을 믿게 해 주십시오."

목사님이 그 여자 집사에게 물었습니다.

"그 집을 바치면 자녀들과 어떻게 살려고 하십니까?"

그 여자 집사는 "산 위에 올라가서 루핑치고 살면 됩니다. 예수님이 우리 가정을 구원하셨는데 집이 문제입니까? 그보다 더한 것을 드려서라도 갚아야지요. 그리고 하나님의 교회를 지켜야지요."라고 말했습니다.

목사님과 성도들은 감동하였습니다. 그 후로 교회 문제는 은혜롭게 잘 해결되었습니다. 집을 바친 여자 집사는 몇 년 동안은 극심하고 뼈아픈 고생을 했습니다. 그러나 고난의 시간이 지난 후에 하나님께서 복을 주셔서 자녀들이 모두 잘되어 효도하였고, 여자 집사는 40년 동안 신앙의 복과 물질의 축복을 받으며 살고 있습니다.

그 자녀가 권00 목사입니다.

04 느낀 점을 말씀드리겠습니다

05 실천할 것을 말씀드리겠습니다

06 결심기도

07 매일 실천한 것을 일기 쓰십시오

교
인
보
감
3

01장 신체청결
02장 단정한 복장
03장 정리정돈
04장 술, 담배
05장 게으름
06장 도박
07장 IT(정보기술) 중독
08장 시간 관리
09장 금전 사용
10장 식탐
11장 방탕함
12장 욕심, 탐심
13장 불의 거절
14장 절약
15장 건강생활

Part 02

자기관리편
인성교육

신체청결

인성교육

01 암송하겠습니다

권영구

신체를 깨끗하게 하는 것이 건강과 대인관계에 유익하다.

02 뜻을 말씀드리겠습니다

신체 : 사람의 몸.
청결 : 깨끗하고 말끔함.

03 이야기하겠습니다

　어느 나라에 여행을 갔습니다. 남녀를 가리지 않고 몸에서 냄새가 많이 나서 같이 있기가 힘들었습니다. 그래서 가이드에게 물었습니다.
"왜 이 나라 사람들은 몸에서 냄새가 많이 납니까?"
　가이드는 "이 나라 사람들은 몸을 씻으면 복이 달아난다고 믿기 때문에 몸을 잘 씻지 않습니다."라고 말했습니다.
　역겨운 냄새 때문에 같이 식사하기도 싫었습니다. 그래서 따로 앉아 먹었습니다.
　한국 사람도 가끔 대화하면 입에서 냄새가 많이 나는 사람이 있습니다. 또 몸에서 냄새가 많이 나는 사람이 있습니다. 옆에 있는 사람에게는 정말 괴로운 일입니다. 큰 민폐를 끼치고 있는 것입니다.

또 너무 진한 향수를 사용하여 옆 사람에게 두통을 유발하게 하는 사람도 있습니다. 나만 좋으면 된다는 생각은 틀린 것입니다. 나로 인해 다른 사람이 피해를 받지 않도록 하는 것이 에티켓입니다.

사람은 함께 살아가야 합니다. 절대로 혼자 사는 것이 아닙니다. 그러므로 상대방이 불쾌하지 않도록 배려해야 합니다.

사람은 누구나 씻지 않으면 머리, 입, 코, 몸, 발, 옆구리, 보이지 않는 곳, 옷 등에서 냄새가 납니다. 그러므로 몸과 의복을 항상 청결하게 해야 합니다. 자기의 몸을 청결하게 하는 것은 자신의 인격입니다.

04 느낀 점을 말씀드리겠습니다

05 실천할 것을 말씀드리겠습니다

06 결심기도

07 매일 실천한 것을 일기 쓰십시오

인성교육
단정한 복장

01 암송하겠습니다

> 권영구
>
> 옷은 그 사람의 인격과 마음 그리고 생각과 성품까지 다른 사람에게 보여 주는 것이다.

02 뜻을 말씀드리겠습니다

단정하다 : (사람이나 그 차림새, 태도가) 흐트러짐이 없이 깔끔하면서 반듯하다.
복장 : 옷을 차려입은 모양새.

03 이야기하겠습니다

　누더기 패션, 바캉스 패션, 군복 패션, 추리닝(트레이닝) 패션 등 옷차림새가 다양해졌습니다.
　옷은 사람의 마음가짐과 몸가짐에 영향을 끼치는 법입니다.
　예비군 훈련장에서 군복을 입게 되면 학교 교사, 의사, 기자 등 그 직업과 관계없이 말하고 행동합니다. 심지어 아무 곳에나 앉고 눕기도 합니다.
　조선시대에는 양반과 중인, 그리고 상민은 갓과 두루마기가 없으면 외출을 하지 않았습니다. 물론 천민은 아무 옷이나 입었습니다. 이렇게 옷은 자신의 신분을 나타내주기도 했습니다.

지금은 조선시대는 아니지만, 옷은 상대방에게 예의를 갖추는 표현입니다. 그래서 만나는 대상과 장소에 따라 옷을 달리 입기도 합니다.

서양의 정식 디너파티에는 남자는 검은색 턱시도와 보타이를 매야 하고 여자는 소매 없는 긴 드레스를 입어야 합니다. 만약 평상복 차림으로 참석한다면 많은 사람의 눈총을 받게 됩니다.

사람을 만날 때 어떤 복장을 하느냐에 따라 상대방에 대한 자기 생각과 평가가 달라집니다. 옷을 보면 그것을 알 수 있습니다.

친구를 만날 때와 어른을 만날 때 옷은 달라져야 합니다. 집 앞 가게를 갈 때와 음악회를 갈 때의 옷이 달라져야 합니다. 운동할 때 입는 옷과 결혼식에 입는 옷은 달라져야 합니다.

주일날 예배를 드리러 갈 때 입고 가는 옷에 대해 한번 생각해 보아야 합니다. 주일날 어떤 복장으로 교회에 가느냐에 따라 그가 하나님을 어떻게 이해하는지를 알 수 있습니다.

'선데이 베스트(Sunday Best)'란 말이 있습니다. 청교도들은 아무리 가난해도 주일에 입는 것만은 최고로 좋은 옷을 준비했습니다. 당신이 그분을 위한 옷, 거룩한 날을 위한 옷을 구별한다면, 하나님께서는 나에게 영원히 해지지 않는 눈보다 더 흰 옷, 예수 그리스도로 옷 입혀 주실 것입니다.

값비싼 옷, 화려한 옷, 명품 옷이 좋은 옷이 아니라 깨끗하고 단정하게 구별된 마음으로 선정한 옷이 아름다운 옷입니다.

하나님 믿는 사람은 옷이 단정해야 합니다. 그 사람의 복장에 인격과 품위가 나타나기 때문입니다.

04 느낀 점을 말씀드리겠습니다

05 실천할 것을 말씀드리겠습니다

06 결심기도

07 매일 실천한 것을 일기 쓰십시오

03 정리정돈
인성교육

01 암송하겠습니다
권영구

인성이 좋은 사람은 자기 할 일을 미루지 않고 그때그때 정리한다. 그런 사람이 어떤 일을 맡겨도 해내는 인물이 된다.

02 뜻을 말씀드리겠습니다
정리정돈 : 주변에 흐트러진 것이나 어수선한 것을 한데 모으거나 둘 자리에 가지런히 함.

03 이야기하겠습니다
〈정리정돈 잘하는 법〉

① **버리기(비우기)**

정리정돈의 기본이 바로 '버리기'랍니다. 일단 정리할 물품을 모두 꺼내어 쓸 것과 버릴 것을 구분하는 것이 제일 첫 번째 일입니다. 과감하게 버리는 일이 정리정돈의 첫걸음이 됩니다.

② 종류별로 분류하기

주방용품이나 세탁용품, 아이 옷과 어른 옷, 양말과 속옷 등 종류별로 구분하여 각각 섞이지 않게 분류해 줍니다.

③ 물건의 자리 정하기

모든 물건은 제일 처음 자리를 정했을 때 머리에 기억으로 각인됩니다. 자리를 잡은 후에 그 자리에 놓는 습관이 자연스레 생기면 찾는 데도 시간이 안 걸리고 어질러질 틈이 없어지는 겁니다.

④ 수납 바구니 활용하기

물건을 있는 그 자리에 가지런히 정리하는 것은 오래 가지 않아 흐트러지지만, 수납 바구니를 활용하면 정리 효과가 오래 유지됩니다.

⑤ 라벨 효과

라벨을 물건에 붙여준다면 가족 누구나 물건을 쉽게 찾고 쉽게 제자리에 다시 놓을 수 있어 정리정돈에 큰 역할을 한답니다.

⑥ 물건 정돈 상태 유지하기

물건 수납할 때 처음 상태를 유지하려고 노력하는 것이 중요하고, 파일 정리함이나 접시꽂이 등을 활용하면 세로로 수납이 쉬워집니다.

정리정돈 잘하는 방법을 정리해 보았는데, 역시 정리정돈의 핵심은 정리한 상태를 유지하는 것입니다. 또한, 버리는 습관을 잘 들이고 썼던 물건을 제자리에 두는 것만으로도 정리정돈에 큰 효과가 있을 것입니다.

뭐든 알기만 하는 것은 아무 소용이 없습니다. 실천이 가장 중요합니다.

04 느낀 점을 말씀드리겠습니다

05 실천할 것을 말씀드리겠습니다

06 결심기도

07 매일 실천한 것을 일기 쓰십시오

04 술, 담배

인성교육

01 암송하겠습니다

(잠 21:17)

"연락을 좋아하는 자는 가난하게 되고 술과 기름을 좋아하는 자는 부하게 되지 못하느니라."

02 뜻을 말씀드리겠습니다

술 : 알코올 성분이 들어 있어 마시면 취하는 음료를 통틀어 이르는 말.
담배 : '담배'의 잎을 말려서 가공하여 피우는 물건을 통틀어 이르는 말.

03 이야기하겠습니다

한 변호사의 이야기입니다.

사법연수원 시절부터 시작해 검사가 되어서는 더욱 술자리가 많아졌습니다. 게다가 검사로 발령받아 일하던 곳은 우리나라의 유명한 술 공장이 있는 지역이었습니다.

술을 마시고 나면 예수님께 죄송하여 회개도 하고 교회 봉사활동도 더 열심히 했습니다. 하지만 아무리 용을 써도 술을 끊지 못했습니다.

그날도 술에서 덜 깬 상태로 성경을 읽고 있는데 다음 구절에 시선이 멈추었습니다.

(고전 3:16) "너희가 하나님의 성전인 것과 하나님의 성령이 너희 안에 계시는 것을 알지 못하느냐?"

갑자기 강대상 앞에 앉아서 폼 잡고 술을 콸콸 따르는 내 모습이 선명하게 그려졌습니다.

'이 몸이 하나님의 거룩한 성전인데 그곳에 술을 부어 넣었다니! 이래선 안 되겠다!'

이상하게도 그다음 날부터 술을 마시고 싶은 생각이 사라졌습니다. 이렇게 하나님의 도우심으로 극적으로 술을 끊을 수 있었습니다.

물론 술을 끊은 이후에도 어려움이 많았습니다. 어쩔 수 없이 술자리에 나가면 어떤 동료는 나를 향해 술잔을 들면서 '주(酒)님 모시자'며 놀려대기도 했습니다.

시간이 좀 지나자 술친구들이 나를 피하기 시작했습니다. 거룩한 '왕따'를 당한 것입니다. 자연스레 술 모임에 참석하는 횟수도 줄어들었습니다. 술자리를 멀리하니 교제의 폭이 좁아져 손해를 보기도 했습니다. 그러나 하나님과 가까워지겠다는 결심을 했더니 손해 보는 것도 과히 억울하지만은 않았습니다.

술, 담배

04 느낀 점을 말씀드리겠습니다

05 실천할 것을 말씀드리겠습니다

06 결심기도

07 매일 실천한 것을 일기 쓰십시오

05 게으름

인성교육

01 암송하겠습니다

(잠 13:4)

"게으른 자는 마음으로 원하여도 얻지 못하나 부지런한 자의 마음은 풍족함을 얻느니라."

02 뜻을 말씀드리겠습니다

게으름 : 행동이나 일 처리가 느리고 일하기 싫어하는 버릇이나 성미.

03 이야기하겠습니다

옛날에 일하기를 몹시 싫어하는 게으름뱅이가 살고 있었습니다. 온종일 빈둥빈둥 누워있는 것이 보기 싫은 아내는 '일을 하지 않으려면 집을 나가라'고 소리를 질렀습니다.

게으름뱅이는 "흥! 나가라면 못 나갈 줄 알고!"하며 집을 나가버렸습니다. 한참을 걸어가던 그는 어떤 노인이 소의 탈을 만들고 있는 것을 보았습니다.

"영감님, 소와 똑같이 생겼네요. 한번 써보면 안 될까요?"

"아니요. 큰일납니다."

노인이 말렸지만, 게으름뱅이는 소의 탈을 빼앗아 뒤집어썼습니다. 그랬더니 그만 게으름뱅이가 소가 되어버렸습니다.

"어이쿠! 이게 무슨 일이야?"라고 소리쳤지만 "음매~ 음매~"하는 소리만 들렸습니다.

할아버지는 소를 끌고 장터에 나가 농부에게 싼값에 팔았습니다. 그리고 이렇게 당부를 했습니다.

"이 소에게 절대로 무를 먹이지 마세요. 무를 먹이면 죽습니다."

소가 된 게으름뱅이는 다음 날부터 온종일 일만 했습니다. 논도 갈고 밭도 갈고 수레를 끌고, 날만 새면 끌려가 일을 했습니다.

"힘들어 죽겠소!"라고 소리를 질러도 "음매~ 음매~"하는 소리만 났습니다. 소가 된 게으름뱅이는 그제야 후회하기 시작했습니다.

그러던 어느 날, 게으름뱅이의 눈에 무밭이 보였습니다.

'무를 먹으면 죽는다고 했지? 이렇게 사느니 죽는 것이 나아.'

게으름뱅이는 단숨에 무를 먹기 시작했습니다. 그것을 본 농부가 "안 돼! 무를 먹으면 죽는다고 했어!"라고 외치며 뛰어오고 있었습니다. 그런데 이게 웬일입니까? 소가 죽는 것이 아니라 점점 사람이 되어가고 있었습니다.

마침내 사람으로 돌아온 게으름뱅이는 그동안의 이야기를 농부에게 들려주었습니다. 그리고 곧바로 고개를 넘어 집으로 달려갔습니다. 아내를 본 게으름뱅이는 진심으로 사과했습니다. 아내도 게으름뱅이 남편을 반겼습니다.

그 이후로 게으름뱅이는 정말 부지런해졌습니다.

04 느낀 점을 말씀드리겠습니다

05 실천할 것을 말씀드리겠습니다

06 결심기도

07 매일 실천한 것을 일기 쓰십시오

06 인성교육
도박

01 암송하겠습니다

권영구

도박하는 사람은 결국은 망하고 가족에게 버림받는다.

02 뜻을 말씀드리겠습니다

도박 : 돈이나 값나가는 물건을 걸고 내기를 하는 일.

03 이야기하겠습니다

한때 개그맨으로서 이름을 날렸던 B 씨의 고백입니다.

도박은 한 번에 끊을 수 없습니다.
그런데 예수를 영접한 후에는 도박할 때마다 아이들이 아팠습니다. 도박하러 가면 아내로부터 전화가 왔습니다. 아이들이 지금 아파서 난리라는 겁니다. 정말 성령께서 경고하시는 것 같았습니다.
하지만 계속 도박을 하다가 큰돈을 잃어버렸습니다. 10년 동안 모은 돈을 잃어버렸습니다. 도박으로 돈을 번다는 것이 얼마나 허망한 일인지 깨닫고 나서야 도박을 끊을 수 있었습니다.

우리 때는 직접 하우스에 가서 하니까 많은 제약이 있었는데, 최근의 이00 씨나 김00씨의 경우, 인터넷으로 스포츠 도박을 했습니다. 그런데 그게 더 무서운 겁니다. 직접 현장에 안 가고 무한정 배팅을 하니까 더 위험한 겁니다.
　옛날 생각이 납니다. 이게 다 마귀들의 역사입니다.

04 느낀 점을 말씀드리겠습니다

05 실천할 것을 말씀드리겠습니다

06 결심기도

07 매일 실천한 것을 일기 쓰십시오

인성교육
IT(정보기술) 중독

01 암송하겠습니다

권영구

모바일, 컴퓨터, 게임, 마약, 술, 담배, 운동, 취미에 중독되면 자신의 인생을 망치게 되고 가족관계도 깨지게 된다.

02 뜻을 말씀드리겠습니다

IT : ❶ information technology 정보 기술. ❷ 정보 공학.

중독 : 술이나 마약 따위를 계속적으로 지나치게 복용하여 그것이 없이는 생활이나 활동을 하지 못하는 상태.

03 이야기하겠습니다

　가정은 맑고 따뜻한 가풍을 만드는 것이 중요합니다.
　이를 위해서는 가족이 함께 나눔이나 봉사활동을 하는 것, 그리고 가족끼리 함께하는 식사와 대화, 돕는 관계를 만들어야 합니다. 서로가 정서적 동지가 되어 주는 것입니다.
　그런데 가족이 거실에 모여서 각자 스마트폰만 쳐다보고 있다면 이런 가족은 단절되기 쉽습니다.
　지하철을 타고 가다 앞에 앉은 7명의 승객이 한 사람도 빠짐없이 이어폰을 끼고 스마트폰 화면을 들여다보고 있는 광경을 보았습니다. 디지털 중독증이 우리 사회를 뒤덮고 있다는 것을 새삼 절감하면서 마음이 씁쓸했습니다.

주변을 보면 '가족이나 친한 친구 전화번호를 기억하지 못한다, 쉬운 계산도 잘 못한다, 조금 전의 대화 내용도 잘 기억하지 못한다'는 '디지털 치매'에 걸린 사람들이 부지기수입니다.

사용하고 있는 기기가 사용자의 생각만큼 빠르게 작동하지 않으면 수시로 리셋버튼을 누르는 것이 습관화되어, 현실 세계 역시 즉각적인 리셋이 가능할 것이라는 '리셋 증후군(Reset Syndrome)'도 사람들의 마음을 지배하고 있습니다.

21세기 들어 한국의 IT 보급률은 기하급수적으로 증가했습니다. 이제 휴대전화나 인터넷은 우리 삶의 일부분이 되었지만, 그로 인한 부작용도 늘어나고 있습니다.

청소년 보호 위원회에 따르면 중·고등학생 75%가 휴대전화가 없으면 불안함을 느낀다고 답했으며, 다른 조사에서는 학생들에게 가장 무서운 체벌로 인격 비하에 이어 휴대전화 압수가 2위에 올랐습니다.

인터넷 중독도 심각해지고 있습니다. 청소년의 48% 정도가 하루 3시간 이상 인터넷을 하고 있으며, 30대 이상의 성인들도 3분의 1 정도가 이에 해당한다고 합니다. 이로 인해 과도한 요금, 업무나 학업에 지장이 생긴다고 합니다.

가장 큰 문제는 대화의 단절입니다. 청소년들의 부모와 대화 시간은 하루 평균 10여 분에 지나지 않고, 친구들과의 대화도 문자나 채팅으로 대신합니다.

IT 중독을 끊고 가족 간에 대화를 많이 해야 합니다.

04 느낀 점을 말씀드리겠습니다

05 실천할 것을 말씀드리겠습니다

06 결심기도

07 매일 실천한 것을 일기 쓰십시오

08 시간 관리

인성교육

01 암송하겠습니다

루이사 메이 올콧

일하는 시간과 노는 시간을 뚜렷이 구분하라. 시간의 중요성을 이해하고 매 순간을 즐겁게 보내고 유용하게 활용하라. 그러면 젊은 날은 유쾌함으로 가득 찰 것이고 늙어서도 후회할 일이 적어질 것이며 비록 가난할 때라도 인생을 아름답게 살아갈 수 있다.

02 뜻을 말씀드리겠습니다

시간 : 과거, 현재, 미래로 이어져 머무름이 없이 일정한 빠르기로 무한히 연속되는 흐름.

관리 : 어떤 것들을 맡아 처리하고 관할함.

03 이야기하겠습니다

영국 런던시의 한 관리가 웰링턴 공작을 찾아갔습니다. 그런데 공작은 외출 준비를 마치고 막 나가려던 참이었습니다.

"공작님, 지금 외출하시려는 것입니까?"

"그렇다네. 자네 내게 무슨 볼일이 있어 찾아온 것 같은데, 무슨 일인가?"

"아닙니다. 지금 외출하시니 다음에 오겠습니다."
"잠깐 기다리게. 이렇게 불쑥 찾아오면 일이 어긋나니, 미리 약속해 두게. 내일 오후 3시에 런던 다리에서 만나는 것이 어떤가?"
"좋습니다. 그럼 내일 뵙기로 하지요."

다음 날, 웰링턴 공작은 정확한 시간에 런던 다리에 나갔습니다. 그러나 관리는 약속 시각보다 5분 늦게 나왔습니다. 웰링턴 공작이 언짢은 표정을 짓자, 관리는 웃으며 말했습니다.

"공작님도 참. 5분밖에 안 늦었는데요, 뭘."
"5분밖에 안 늦었다고? 자넨 시간의 중요성을 모르는군. 5분, 아니 1분이라도 그사이에 이루어질 중대한 일을 생각해 보게."

그 뒤, 웰링턴 공작과 그 관리는 다른 일로 또 런던 다리에서 약속하게 되었습니다. 관리는 지난번 늦게 나가 무안당한 일을 생각하여 이번에는 약속 시각보다 10분 일찍 나가 기다렸습니다.

잠시 후, 웰링턴 공작이 정확한 시간에 도착했습니다. 관리가 공작을 보고 말했습니다.

"공작님, 오늘은 제가 10분이나 일찍 나왔습니다."
그러자 웰링턴 공작은 이번에도 정색을 하며 말했습니다.
"자네는 도대체 시간의 가치를 모르는군. 자네는 아까운 시간을 10분이나 낭비한 걸세."

웰링턴 공작은 자신의 시간 관리를 잘해서 그 시대에 성공한 사람이었습니다. 시간을 낭비하지 않는 사람은 모든 일에 최선을 다해 성공할 확률이 높습니다.

04 느낀 점을 말씀드리겠습니다

05 실천할 것을 말씀드리겠습니다

06 결심기도

07 매일 실천한 것을 일기 쓰십시오

09 인성교육 금전 사용

01 암송하겠습니다

소크라테스

재산이 많은 사람이 그 재산을 자랑하더라도 그 돈을 어떻게 쓰는지 알 수 있을 때까지는 그를 칭찬하지 말라.

02 뜻을 말씀드리겠습니다

금전 : 상품의 가치를 나타내 주며 그 유통을 매개해 주는 지불의 수단이 되고 재화 축적의 목적물이 되는 물건.
사용 : 사물을 필요로 하거나 소용이 되는 곳에 씀.

03 이야기하겠습니다

어느 작은 교회의 헌금 담당 집사님이 놀란 얼굴로 목사님을 황급히 찾았습니다.
"목사님, 목사님! 빨리 이리 좀 와 보세요. 이것 좀 보세요."
주일 예배를 마치고 헌금을 회계하던 집사님이 내민 것은 10억 원짜리 수표였습니다. 교회 1년 예산이 5천만 원밖에 안 되는 교회인데 10억 원짜리 수표가 무명으로 들어온 것입니다.
전체 교인이 50명도 안 되는 교회지만 누가 이렇게 큰 헌금을 한 것인지 아무리 생각해도 알 수가 없었습니다. 어쨌든 교회는 그 돈으로 밀린 세도 내고 좀 더 넓은 곳으로 이사할 계획도 세우게 되었습니다.

그 헌금은 환갑이 지나 정신이 번쩍 든 교인이 한 것이었습니다. 지금까지 악착같이 돈을 모았는데, 그 돈을 보고 자식들의 이전투구(泥田鬪狗) 조짐이 보였다는 것입니다.

"아이고, 내가 이러려고 돈을 모았나? 안 되겠다. 차라리 고아원이나 양로원에 갖다 줘버려야겠다. 아니, 그동안 헌금도 제대로 못 했는데 천국에 몽땅 저금을 해버려야겠어."

평소에 얼마나 구두쇠인지 추수감사헌금도 만 원짜리 한 장 겨우 하던 분이라, 설마 그분일 줄은 아무도 몰랐습니다.

헌금은 정신이 들어 한꺼번에 큰돈 드리지 말고 평소에 자주 해야 합니다. 돈이 들어오면 첫째는 하나님을 위해서 사용해야 합니다. 둘째는 가족을 위해서 사용해야 합니다. 셋째는 이웃을 돕기 위해서 사용해야 합니다. 이렇게 돈을 사용하는 것이 바람직합니다.

04 느낀 점을 말씀드리겠습니다

05 실천할 것을 말씀드리겠습니다

06 결심기도

07 매일 실천한 것을 일기 쓰십시오

10 인성교육
식탐

01 암송하겠습니다
(잠 23:21)

"술 취하고 음식을 탐하는 자는 가난하여질 것이요 잠자기를 즐겨 하는 자는 해어진 옷을 입을 것임이니라."

02 뜻을 말씀드리겠습니다
식탐 : 먹을 것을 몹시 탐냄.

03 이야기하겠습니다
어떤 분의 이야기입니다.

어느 명절날, 몸이 너무 안 좋아서 시댁도 친정도 가지 않고 집에서 쉬고 있었습니다.

전날 본가에 내려간 남편은 명절 당일 오후에 집에 돌아왔습니다. 전날부터 온종일 누워 있던 나는 입맛이 없어 계속 굶었습니다. 그러나 어느 순간 너무 배가 고파져서 아픈 몸을 일으켜 밥을 먹으려 했는데, 밥도 없고 라면도 없고, 게다가 명절 당일이라 시켜 먹을 수도 없었습니다.

그래서 쌀을 씻어 밥을 안쳐놓고 기다리는데 한 번 배가 고픈 걸 느끼자 공복감이 급격히 커져서 나도 모르게 "아, 배고파 죽겠다!"라는 말이 나올 정도였습니다.

그때 남편이 집에 돌아왔습니다. 시댁에서 명절을 보내고 오니 명절 음식을 좀 싸 왔나 싶었는데 빈손이었습니다. 남편 말이 귀찮아서 안 들고 왔다고 했습니다.

'자기 차로 갔다 왔으면서…. 집에서 밥도 못 먹고 앓고 있을 마누라 생각해서 좀 싸 오지.'하는 생각이 들었습니다.

그런데 남편이 조금 후에 차에 놓고 온 것이 있다고 나가더니 안 들어오는 것입니다. 이상해서 나가보니 남편이 주차장 차 옆에 쪼그리고 앉아 있었는데 뭐 하느냐고 물으니 흠칫 놀라는 것입니다. 남편은 혼자서 뭔가를 우걱우걱 먹고 있었습니다.

가까이 가서 보니 명절 음식이었습니다. 시댁에서 싸 준 음식과 전과 식혜였습니다. 그 순간 정말 '감정이 식는다'는 게 무슨 뜻인지 알게 되었습니다.

남편은 평상시에도 유달리 식탐이 많아서 기분 나쁜 적이 많았습니다. 오늘도 집에 왔을 때 밥 먹을 거냐고 물었더니, 오랜만에 집에 가 배부르게 먹고 와서 생각이 없다고 했던 사람입니다.

그렇게 배가 부른데도 자기가 좋아하는 음식을 집으로 가져가면 아내와 나눠 먹어야 하니 그게 싫어서 혼자 숨어 먹고 있었던 겁니다. 나는 배가 고파서 배를 움켜쥐고 있었는데 남편은 자신의 식탐을 이기지 못한 것입니다.

그 일로 나는 모든 사랑의 감정이 사라져 얼마 뒤 이혼을 요구했습니다. 도저히 같이 살고 싶지 않았습니다. 남편은 뭘 그런 거로 이혼하느냐고 방방 뛰며 난리를 쳤고, 시댁에서도 미쳤냐고 난리가 났지만, 그동안 있었던 일을 하나하나 이야기하니 별말이 없었습니다. 친구들과 친정 식구들은 잘했다고 말했습니다.

정말 남보다도 못한 사이였던 것 같습니다. 단순히 식탐 문제가 아니라고 생각했습니다. 하나를 보면 열을 안다고 아내에 대한 배려나 아낌 같은 것이 전혀 보이지 않는, 그런 사람을 믿고 평생을 같이 한다는 것이 어렵다는 생각이 들었습니다.

04 느낀 점을 말씀드리겠습니다

05 실천할 것을 말씀드리겠습니다

06 결심기도

07 매일 실천한 것을 일기 쓰십시오

11 방탕함

인성교육

01 암송하겠습니다

(갈 5:21)

"투기와 술 취함과 방탕함과 또 그와 같은 것들이라. 전에 너희에게 경계한 것 같이 경계하노니 이런 일을 하는 자들은 하나님의 나라를 유업으로 받지 못할 것이요"

02 뜻을 말씀드리겠습니다

방탕 : ❶ 술, 성적 쾌락, 노름 등에 과도하게 빠져 바르게 살지 못함.
❷ 마음이 들떠서 갈피를 잡을 수 없음.

03 이야기하겠습니다

위대한 삶을 살았던 인물 가운데 프랑스의 대문호 '빅토르 위고(1802~1885)'가 있습니다.

그는 40세가 될 때까지 방탕한 삶을 살았던 사람입니다. 그런데 사랑하는 딸 레오폴딘이 결혼한 지 몇 달도 안 돼서 불의의 사고로 센강에 빠져 죽는 사건이 생겼습니다.

그는 유품을 정리하다 딸이 써놓은 편지를 보게 되었습니다. 아버지의 방탕한 삶을 안타깝게 여긴 딸이 속히 회개하고 하나님의 품으로 돌아오라고 호소하는 내용이었습니다.

그는 참회의 눈물을 흘리며 통곡했습니다. 그 충격으로 작품 활동도 중지했습니다. 그러나 그 사건이 인생의 전환점이 되었고, 그 이후 거듭났습니다.

인생의 방향이 바뀌고 작품 세계도 변화되었습니다. 그때 쓴 작품이 바로 『레미제라블』입니다.

그가 죽자 프랑스 정부는 대통령이 아닌데도 이례적으로 국장을 치렀습니다. 그때 그를 애도하는 인파가 200만 명이나 되었습니다.

새로운 시작이 놀라운 축복의 인생으로 바꾼 이야기입니다.

04 느낀 점을 말씀드리겠습니다

05 실천할 것을 말씀드리겠습니다

06 결심기도

07 매일 실천한 것을 일기 쓰십시오

12 욕심, 탐심

인성교육

01 암송하겠습니다

(약 1:14~15)

"오직 각 사람이 시험을 받는 것은 자기 욕심에 끌려 미혹됨이니 욕심이 잉태한즉 죄를 낳고 죄가 장성한즉 사망을 낳느니라."

02 뜻을 말씀드리겠습니다

욕심 : 어떠한 것을 정도에 지나치게 탐내거나 누리고자 하는 마음.
탐심 : ❶ 무엇을 가지거나 차지하고 싶은 마음. ❷ 지나친 욕심.

03 이야기하겠습니다

어린 시절 영국의 고아원에서 이탈리아 귀족 가문으로 각각 입양됐던 왕자와 공주가 있었습니다.

교황까지 배출한 이탈리아 명가(名家) '도리아 팜필리아'의 후손 '오리에타(Orietta)' 공주 부부는 지금부터 40여 년 전 런던의 한 카톨릭 고아원을 찾았습니다.

이들은 금발 곱슬머리의 사내아이를 입양하여 '조나단(Jonathan) 폴'이라 이름 지어 주었습니다.

1년 후, 다시 그 고아원에서 예쁘장한 소녀를 입양하여 '제신(Gesine)'이라 불렀습니다.

자기의 성도 몰랐던 고아들이 하루아침에 왕자와 공주가 되었습니다. 이 두 아이는 왕자와 공주로 입양된 후, 로마의 궁궐 같은 집에서 유모들과 시종들의 시중을 받으며 금지옥엽(金枝玉葉)처럼 양육되었습니다.

그러나 행복했던 이들은 40대가 되어 서로 적이 되었습니다. 2000년 12월, 78세의 나이로 이들의 양어머니인 오리에타 공주가 숨지자 재산 상속 다툼이 벌어진 것입니다.

그녀가 남긴 재산은 무려 10억 파운드(약 1조 8,430억 원), 로마에 있는 방 1,000개짜리 궁과 제노바의 또 다른 궁, 로마 남부 교외 부동산, 르네상스 화가 라파엘로와 벨라스케스를 비롯한 최고 수준 화가들의 미술품 650여 점 등이었습니다.

조나단은 동성애자였습니다. 그는 두 대리모로부터 아들과 딸을 낳았습니다. 독실한 가톨릭 신자인 제신은 오빠의 생활 스타일을 받아들일 수 없었습니다.

그래서 딸 4명을 둔 제신은 "장차 닥칠 재산 다툼의 화근을 없애야 한다."며 이탈리아 법원에 소송을 냈습니다. "대리모를 인정할 수 없으므로, 오빠의 두 자녀는 합법적인 자손으로 인정할 수 없다."는 주장이었습니다.

조나단은 자신의 아이들도 오리에타 공주의 합법적인 상속자들로 재산 승계권이 있다고 주장하였습니다. 신데렐라 동화 속 주인공들이었던 오누이는 이제 화해할 수 없는 적이 되어 버렸습니다.

귀족의 피 한 방울도 섞이지 않았던 하찮은 인생들이 어느 날 왕자와 공주가 되었는데 감사를 잊었습니다. 욕심의 노예가 되어버렸던 것입니다.

04 느낀 점을 말씀드리겠습니다

05 실천할 것을 말씀드리겠습니다

06 결심기도

07 매일 실천한 것을 일기 쓰십시오

13 불의 거절
인성교육

01 암송하겠습니다

권영구

불의를 구별하여 거절할 줄 아는 사람은 하나님께 복을 받는다.

02 뜻을 말씀드리겠습니다

불의 : 정의롭지 못하고 도리에 어긋남.
거절 : 남의 제의나 요구를 받아들이지 않고 물리침.

03 이야기하겠습니다

　미국 12대 대통령으로 선출된 '자카리 테일러' 장군이 헌법에 의해 1849년 3월 4일에 대통령에 취임하게 되었습니다.
　그런데 그날은 주일이었습니다. 신앙이 독실한 테일러 장군은 취임을 거절하였습니다.
　자신은 하나님을 섬기는 종으로 하나님의 법을 어기며 주일날 행사를 할 수 없다고 했습니다.

많은 사람이 국가적인 행사이므로 어쩔 수 없지 않느냐고 간청했으나 그는 끝까지 거절했습니다.

헌법은 임기 만료된 11대 대통령 '제임스 녹스 폴크'가 대통령직에 하루 더 머물러 있게 되어 있지 않았습니다.

다른 방법이 없어서 주일 12시부터 월요일 12시까지 24시간 그 자리를 대신할 임시 대통령을 상원에서 선출해야 했습니다. 그래서 상원의장 '데이빗 라이스 앨치슨'을 선출했습니다.

그러나 앨치슨 상원의장은 어떤 이유에도 깨우지 말라고 숙소 주인에게 당부해 놓고 토요일 저녁에 잠자리에 들었습니다.

숙소 주인은 그대로 했고, 앨치슨 임시 대통령은 월요일까지 그의 24시간의 임기를 모두 잠으로 메워버렸습니다.

그 24시간 동안 미국에는 아무런 사건도 일어나지 않았습니다. 그래서 월요일에 12대 대통령 취임식이 열렸습니다.

하나님의 법은 인간의 법 위에 있음을 믿고 주일날 대통령직 취임을 거절하는 위대한 신앙인이나, 24시간의 대통령직을 맡은 임시 대통령이 그 기간을 잠으로 메운 사건, 이런 것들이 하나님 마음에 들었으므로 하나님이 미국을 축복하여 세계 제일의 국가가 되게 하신 것입니다.

04 느낀 점을 말씀드리겠습니다

05 실천할 것을 말씀드리겠습니다

06 결심기도

07 매일 실천한 것을 일기 쓰십시오

14 절약

인성교육

01 암송하겠습니다

B. 프랭클린

가지고 싶은 것은 사지 마라. 꼭 필요한 것만 사라. 작은 지출을 삼가하라. 작은 구멍이 거대한 배를 침몰시킨다.

02 뜻을 말씀드리겠습니다

절약 : 돈이나 물건을 꼭 필요한 데에만 써서 아낌.

03 이야기하겠습니다

독일 본 근교 소도시에 사는 '베어트람(65)'씨 부부 가정은 전형적인 독일 중상류층입니다.

맏아들 가족과 한집에 사는 이 부부는 평생 우체국 공무원으로 같이 근무하다 정년퇴직한 이른바 연금 생활자입니다. 연금만도 두 사람 합쳐 매월 수백만 원이 나오고 평생 부업을 하며 예금한 저축도 많아 생활은 풍족한 편입니다. 맏아들이 건축사여서 그 소득도 만만치 않으나 수입과 지출은 철저한 독립채산제입니다.

이 정도 생활수준이지만 베어트람 할머니는 한겨울에도 난방은 저녁 6시 이후에만 틉니다. 자정이면 무조건 자동으로 꺼지도록 해 놓았고, 집에 사람이 없을 땐 반드시 끕니다.

물 관리는 더 놀랍습니다. 화장실 변기에 사용할 물은 집 신축 때 따로 만든 지하 탱크에 빗물을 받아 놓고 씁니다. 수돗물은 양치질 때나 부엌일을 할 때도 절대 틀어 놓고 쓰는 법이 없습니다.

가령 설거지를 보면 싱크대에 물을 받아 놓고는 세제를 조금 풀고 한두 번밖에 헹구지 않습니다. 헹군 그릇은 마른행주로 닦으면 그만입니다. 그리고 독성이 없는 세제이기 때문에 설거지 한 물로 집 출입문의 신발털이 발판을 한 번 빨고, 다시 그 물을 마당 화초에 줍니다. 수돗물 한 바가지를 설거지, 발판 빨기, 화초 가꾸기 등으로 무려 3번이나 활용하는 셈입니다.

언젠가 이 집 며느리가 설거지 그릇에 수돗물을 틀어 놓고 잠시 베란다에 나간 일이 있었는데, 이를 멀리서 본 옆집 주부가 전화로 수돗물을 잠그라고 금방 알려주는 사건도 있었습니다.

전기도 될 수 있으면 꺼 놓는 주의입니다. 거실이나 안방에도 집안 식구들만 있으면 조그만 스탠드나 미등 밖에 켜 놓지 않아 마주 앉은 사람의 얼굴이 잘 보이지 않을 정도입니다.

전화요금은 거의 기본요금 수준이고, 전화 대신 카드나 엽서를 이용하고 전화를 쓰더라도 될 수 있으면 싼 요금 시간대를 찾습니다.

대부분 옷은 한 번 입으면 완전히 해질 때까지 입습니다. 베어트람 할머니가 TV를 보면서 구멍 난 양말을 손수 깁는 광경은 언제든지 볼 수 있습니다.

여유가 많은 것 같은데 뭘 그리 아끼느냐고 물으면 할머니는 "나만 그런 게 아니고 독일 주부들은 보통 이렇다."고 설명해 줍니다. 그러면서도 "요즘에는 절약을 잘 모르는 젊은 주부들이 자꾸 많아지는 것 같아 안타깝다."라고 말합니다.

04 느낀 점을 말씀드리겠습니다

05 실천할 것을 말씀드리겠습니다

06 결심기도

07 매일 실천한 것을 일기 쓰십시오

15 건강생활

인성교육

01 암송하겠습니다

무명

재산을 잃은 것은 조금 잃은 것이요, 명예를 잃은 것은 많이 잃은 것이요, 건강을 잃은 것은 전부를 잃은 것이다.

02 뜻을 말씀드리겠습니다

건강 : 몸이나 정신에 아무 탈이 없이 튼튼함.
생활 : 생명이 있는 동안 살아서 경험하고 활동함.

03 이야기하겠습니다

우리나라에서 가장 많이 팔리는 약은 소화제입니다. 그만큼 우리의 음식 문화와 식습관에 문제가 있다는 것입니다.

'식즉명야(食卽命也)' 음식은 곧 생명이라 하여, 건강과 수명을 좌우할 수 있는 요인입니다.

대부분의 사람은 기계론적인 사고로 음식물을 자동차의 연료쯤으로 생각하기 십상입니다. 연료가 연소하는 힘으로 자동차가 움직이지만, 결코 연소한 연료는 자동차의 부품으로 바뀌질 않습니다.

그러나 사람이 섭취하는 음식물은 인체 세포의 구성요소가 되며 체질과 기질을 바꾸기도 합니다.

당나라 때의 명의였던 '손사막' 역시 질병을 다스릴 때는 먼저 음식물로 치료해야 하며, 음식 요법으로 낫지 않을 때만 약을 쓰라고 했습니다.

서양의학의 시조인 '히포크라테스' 역시 음식물로 못 고치는 병은 약으로도 못 고친다고 했습니다. 균형 잡힌 식생활은 건강을 유지하게 하지만 잘못된 식습관은 각종 질병을 초래하게 됩니다.

하나님께서는 우리의 욕심을 채우는 분이 아니라 우리의 필요를 채우는 분이기에 절제 있는 식생활이 경건생활에도 유익합니다. 그리고 건강을 위해서 적당히 운동하는 습관을 길러야 합니다.

04 느낀 점을 말씀드리겠습니다

05 실천할 것을 말씀드리겠습니다

06 결심기도

07 매일 실천한 것을 일기 쓰십시오

> 지금
> 우리가 살고 있는 세상은
> 어느 때보다도
> 영성·인성교육이
> 절실히 필요합니다.

교인보감 3

01장 지혜 은사
02장 지식 은사
03장 믿음 은사
04장 병 고치는 은사
05장 영들 분별 은사
06장 능력 은사
07장 예언 은사
08장 방언 은사
09장 방언통역 은사

Part 03

성령의 은사편
영성교육

01

영성교육
지혜 은사

01 암송하겠습니다

(고전 12:8)

"어떤 사람에게는 성령으로 말미암아 지혜의 말씀을, 어떤 사람에게는 같은 성령을 따라 지식의 말씀을"

02 뜻을 말씀드리겠습니다

지혜 : 사물의 이치나 상황을 제대로 깨닫고 그것에 현명하게 대처할 방도를 생각해 내는 정신의 능력.
은사 : 하나님이 주신 재능.

03 이야기하겠습니다

탈무드에 나오는 이야기입니다.

적의 군대가 한 마을을 포위했습니다. 이제는 꼼짝없이 그 마을 사람들은 적군의 포로가 될 형편이었습니다.

사람들이 저마다 살길이 없을까 하고 두려워하며 궁리하고 있을 때, 적군의 장수가 마을을 향해 소리쳤습니다.

"남자들은 모조리 우리의 노예로 삼을 것이다. 그러나 여자들은 특별히 풀어줄 것이니 이 마을을 속히 떠나가되, 인정을 베풀어 그대들이 가장 소중히 여기는 보물 한 개씩만 지니고 나가도록 허락한다."
그래서 그 마을의 여자들은 그 마을을 떠나게 되었는데, 모두가 한 가지씩 금반지며 목걸이며 은수저를 들고 나섰습니다.

그런데 한 여인은 허약한 몸이면서 이상하게도 커다란 보따리 하나를 질질 끌고 나가는 것이었습니다. 검문하던 자가 수상히 여겨 보따리를 헤쳐 보니 웬 남자 한 명이 들어 있었습니다.

"이건 누군가?"
"예, 제 남편입니다."
"왜 그대는 명령을 어기는가? 둘 다 죽고 싶은가?"
적의 장수가 위협을 가하자, 여인은 간절하게 대답했습니다.
"제게 가장 소중한 보물은 제 남편입니다. 명령대로 내게 가장 소중한 보물을 하나 지니고 나가는 것이니 나를 보내 주십시오."
적군의 장수는 그 여인의 지혜와 남편에 대한 사랑에 감동하여 남편을 데리고 나가도록 허락했다는 이야기입니다.

지혜로운 사람은 위기를 잘 극복합니다. 솔로몬 왕처럼 지혜를 구하여 세상을 현명하게 살아야 합니다.

04 느낀 점을 말씀드리겠습니다

05 실천할 것을 말씀드리겠습니다

06 결심기도

07 매일 실천한 것을 일기 쓰십시오

02 영성교육 지식 은사

01 암송하겠습니다

(잠 2:10)

"곧 지혜가 네 마음에 들어가며 지식이 네 영혼을 즐겁게 할 것이요"

02 뜻을 말씀드리겠습니다

지식 : 교육이나 경험, 또는 연구를 통해 얻은 체계화된 인식의 총체.
은사 : 하나님이 주신 재능.

03 이야기하겠습니다

사람은 지식이 많아야 합니다. 지식이 없으면 무지하게 되고 모르는 것이 많으면 남에게 무시를 당합니다. 또 실수를 많이 하여 어떤 일에도 실패하는 사람이 됩니다.

그래서 학교에 다니고 공부를 하는 것입니다. 공부할 형편이 안 되면 책을 사서 읽어 지식을 쌓고 경험을 통해서 지식을 습득해야 합니다.

모두가 이렇게 되는 것은 아닙니다. 지식을 쌓고 싶은 마음이 있고 힘써 노력을 해야 합니다. 그런 사람은 성공할 수 있습니다.

그런데 공부하기 싫은 사람이 있습니다. 공부를 하지 않으면 다른 사람보다 아는 것이 적습니다. 이런 사람은 성공보다는 실패할 확률이 높습니다.

하나님께 지식의 은사를 달라고 기도하십시오. 성령하나님께서 지식의 말씀의 은사를 주십니다.

성령하나님이 주시는 지식의 은사를 받으면,

첫 번째로 하나님을 아는 지식이 많아집니다. 성경 읽는 것이 좋고, 설교 듣고 은혜를 받으며 기억이 오래갑니다. 지식 중에서 최고의 지식은 하나님을 아는 것입니다.

(잠 1:7) "여호와를 경외하는 것이 지식의 근본이거늘"

하나님을 모르는 지식은 아무 쓸모가 없는 것입니다.

두 번째는 세상 지식이 많아집니다. 하나님을 믿는 사람도 세상에 관해 많이 알고 있어야 활용도 하고 속지 않는 것입니다.

세 번째는 자기가 일하는 분야에 전문적인 지식이 많아집니다. 그래야 자기 일에 성공할 수 있습니다.

하나님께 지식의 은사를 받으면 여러 분야에서 뛰어나게 지식을 얻게 됩니다. 하나님이 주신 은혜입니다.

04 느낀 점을 말씀드리겠습니다

05 실천할 것을 말씀드리겠습니다

06 결심기도

07 매일 실천한 것을 일기 쓰십시오

영성교육
믿음 은사

01 암송하겠습니다

(고전 12:9)

"다른 사람에게는 같은 성령으로 믿음을, 어떤 사람에게는 한 성령으로 병 고치는 은사를"

02 뜻을 말씀드리겠습니다

믿음 : 하나님을 신뢰하고 복종하는 마음.
은사 : 하나님이 주신 재능.

03 이야기하겠습니다

믿음은 하나님이 주시는 은사이고 선물입니다.
우리는 하나님께 큰 믿음을 받아야 합니다. 구하는 사람에게 성령하나님께서 주신다고 약속하셨습니다.
모세처럼 이적을 행하고 이스라엘 백성을 구출하는 큰 믿음 달라고 기도해야 합니다.
아브라함처럼 순종하는 믿음 달라고 기도해야 합니다.
여호수아처럼 강하고 담대한 믿음 달라고 기도해야 합니다.
다윗처럼 고난이 있어도 변함없이 하나님 말씀을 지키는 믿음 달라고 기도해야 합니다.

　엘리야처럼 하늘에서 불을 내리고, 기도하면 비가 오지 않고 다시 기도하면 비가 내리는 능력을 달라고 기도해야 합니다.

　다니엘처럼 하나님의 말씀을 어기는 일은 목숨 걸고 하지 않는 믿음 달라고 기도해야 합니다. 우상에게 바쳐진 음식을 먹지 않고, 사자 굴 속에 들어가 죽는다고 위협해도 하나님께 기도하는 믿음 달라고 기도해야 합니다.

　욥처럼 모든 재산을 잃고 열 명의 자녀가 죽고, 부인이 어리석은 말을 하고, 친구들에게서 마음 아프게 하는 말을 듣고, 온몸에 종기가 나서 가렵고 고통스러워도 변함없이 하나님만 의지하는 믿음 달라고 기도해야 합니다.

　베드로처럼 예수님을 세 번 부인했지만 통곡하며 회개하고, 성령의 능력을 받아 복음 전하다가 순교할 수 있는 믿음 달라고 기도해야 합니다.

　구하는 자에게 큰 믿음을 주십니다.

04 느낀 점을 말씀드리겠습니다

05 실천할 것을 말씀드리겠습니다

06 결심기도

07 매일 실천한 것을 일기 쓰십시오

영성교육
병 고치는 은사

01 암송하겠습니다

(고전 12:28)

"하나님이 교회 중에 몇을 세우셨으니 첫째는 사도요, 둘째는 선지자요, 셋째는 교사요, 그 다음은 능력을 행하는 자요, 그 다음은 병 고치는 은사와 서로 돕는 것과 다스리는 것과 각종 방언을 말하는 것이라."

02 뜻을 말씀드리겠습니다

병 고침 : 육체적, 정신적 이상으로 인해 고통을 느끼는 것을 고치는 것.
은사 : 하나님이 주신 재능.

03 이야기하겠습니다

　전도사 때 집이 가난하여 기도를 많이 하게 되었습니다. 그때 꿈속에서 악한 영이 나타나 그들과 한 달 동안 영적 싸움을 해서 이겼습니다. 그 후부터 이적이 일어나기 시작했습니다.
　어느 날, 어떤 분을 통해서 청와대에 근무하는 경감이 간암에 걸렸는데 치료가 불가능해서 죽음만 기다린다고 하였습니다. 그는 하나님을 믿지 않는 사람으로 무인가 신학교를 운영하는 목회자들을 잡아 감옥에 가두었다고 합니다. 그런데 갑자기 간암이 발생하여 말기가 된 것입니다.

그 집에 초청을 받아 갔습니다. 그는 불신자여서 교회는 한 번도 간 적이 없고 지금 드리는 예배가 처음이라고 말했습니다. 그래서 하나님께 예배드리고 안수기도를 해 주었습니다.

그 집을 나오면서 "내가 세 번만 기도할 것인데 이제 두 번 남았으므로 내일부터는 성경과 찬송가를 구입하여 예배드리고 하나님을 믿으면 기적으로 치료가 될 것입니다."라고 말했습니다.

그다음 날 찾아갔더니 성경, 찬송을 구입해 준비하고 있었습니다. 내 나이가 27세였고 그분은 40대 초반으로 보였는데도 겸손하게 무릎을 꿇고 예배드리고 겸손하게 말하고 기도를 받았습니다. 그렇게 세 번을 기도하자 하나님께서는 거짓말처럼 깨끗하게 간암을 치료해 주셨습니다.

그분은 하나님께 감사드리고 열심히 가까운 교회를 다니게 되었고, 후에 뉴스를 통해 모든 무인가 신학을 하는 목사님들이 석방되었다는 소식을 듣게 되었습니다.

나는 하나님께 감사드렸습니다. 나에게 세례를 준 목사님도 무인가 신학교를 운영하다 감옥에 가셨는데 풀려났습니다.

병 고치는 은사로 경감의 가족 영혼도 구하고 스승 목사님도 구하게 되었습니다.

04 느낀 점을 말씀드리겠습니다

05 실천할 것을 말씀드리겠습니다

06 결심기도

07 매일 실천한 것을 일기 쓰십시오

05 영성교육
영들 분별 은사

01 암송하겠습니다

(고전 12:10)

"어떤 사람에게는 능력 행함을, 어떤 사람에게는 예언함을, 어떤 사람에게는 영들 분별함을, 다른 사람에게는 각종 방언 말함을, 어떤 사람에게는 방언들 통역함을 주시나니"

02 뜻을 말씀드리겠습니다

영들 분별 : 성령의 역사와 마귀의 역사를 구별하는 것.
은사 : 하나님이 주신 재능.

03 이야기하겠습니다

모 교회 사모가 어떤 기도원에 갔습니다. 대형집회가 시작되었습니다. 위쪽 강단에는 강사 목사가 앉아 있고 아래쪽 강단에서는 찬송을 인도하는 전도사와 찬양단이 찬양을 하는데, 그들의 모습이 몸은 사람이고 머리는 뱀이었습니다.

그들이 통성기도를 시킬 때 기도를 인도하는 전도사의 뱀 머리에서 혀가 길게 나오더니 부르짖고 기도하는 사람들의 머리를 툭 칩니다. 그러면 그 사람이 은혜 받았다고 펄펄 뛰고 난리를 쳤습니다. 그리고 기도하는 어떤 사람들은 하늘에서 빛으로 된 원형 모양이 내려와 감싸고 있었습니다.

궁금하여 하나님께 물었습니다. 하나님께서는 "뱀 머리는 마귀의 종들이라. 빛으로 감싸고 있는 사람들은 나의 백성이라."라고 하셨습니다.

하나님은 자기 백성을 마귀로부터 보호하고 계셨습니다. 그리고 마귀의 종들은 자신들이 마귀의 종인 것을 모르고 성령 받은 것으로 착각하고 사는 것입니다. (고후 11:14) "이것은 이상한 일이 아니니라. 사탄도 자기를 광명의 천사로 가장하나니"라는 말씀이 딱 맞았습니다.

(요일 4:1) "사랑하는 자들아 영을 다 믿지 말고 오직 영들이 하나님께 속하였나 분별하라. 많은 거짓 선지자가 세상에 나왔음이라." 이렇게 말씀하십니다. 영 분별의 은사를 받아야 합니다.

지금 자신 속에 있는 영이 성령인지 악령인지부터 구별하는 기도를 드려야 할 것입니다.

04 느낀 점을 말씀드리겠습니다

05 실천할 것을 말씀드리겠습니다

06 결심기도

07 매일 실천한 것을 일기 쓰십시오

06 능력 은사

영성교육

01 암송하겠습니다

(고전 12:28)

"하나님이 교회 중에 몇을 세우셨으니 첫째는 사도요, 둘째는 선지자요, 셋째는 교사요, 그 다음은 능력을 행하는 자요, 그 다음은 병 고치는 은사와 서로 돕는 것과 다스리는 것과 각종 방언을 말하는 것이라."

02 뜻을 말씀드리겠습니다

능력 은사 : 하나님이 주신 어떤 일을 해 낼 수 있는 힘.

03 이야기하겠습니다

무디는 1837년 2월 5일 미국 매사추세츠 주 노드필드에서 가난한 가정의 여섯째아들로 태어났습니다.

아버지 에드윈은 가난한 벽돌공이었습니다. 아버지는 공사장에서 사고를 당해 10명의 가족을 남기고 사망했습니다. 가족들은 한 끼를 해결하면 다음 끼니를 걱정할 정도로 어렵게 살았습니다.

무디는 초등학교를 겨우 졸업하고, 열일곱 살 때 보스턴의 구둣방에 취직했습니다. 주인이 제시한 조건은 단 한 가지였습니다.

"교회학교와 주일예배에 절대 빠지지 마라."

무디는 어느 날 양화점 뒷방에서 무릎을 꿇고 간절히 기도를 드렸습니다. 무디의 가슴은 점점 뜨거워졌습니다. 무디는 말씀에 사로잡힌 후, 속에 불이 생겼습니다.

그래서 목사님을 찾아가 주일학교 교사를 하겠다고 말했습니다. 그러나 목사님은 무디의 열정은 감동적이지만 무디의 학력과 경력으로는 자격이 안 된다고 했습니다.

무디는 목사님에게 이렇게 요청했습니다.

"학생은 한 명도 맡기지 않으셔도 됩니다. 저를 주일학교 교사로 임명만 해주십시오. 그러면 나가서 전도해서 학생들을 모아오겠습니다."

그렇게 해서 그 유명한 '무디 주일학교 반'이 생겼습니다.

무디에게 성령의 능력이 임했습니다. 그랬더니 한 명도 없이 시작한 반이 나중에는 주일학교 전체 학생 수보다 더 많이 모였습니다. 교회가 미어터질 정도로 아이들이 몰려들었습니다. 목사님과 교인들이 모두 놀랐습니다.

무디는 나중에 유명한 설교자가 되었습니다. 불을 뿜는 그의 설교를 듣고 수많은 사람이 회개했습니다. 그는 런던에서 1만 285차례 집회를 했고, 무디의 설교를 듣고 약 100만 명 이상이 회개했다고 합니다.

하나님의 능력은 무한합니다. 그러므로 능력을 받아야 합니다.

04 느낀 점을 말씀드리겠습니다

05 실천할 것을 말씀드리겠습니다

06 결심기도

07 매일 실천한 것을 일기 쓰십시오

07 예언 은사

영성교육

01 암송하겠습니다

(고전 14:5)

"나는 너희가 다 방언 말하기를 원하나 특별히 예언하기를 원하노라. 만일 방언을 말하는 자가 통역하여 교회의 덕을 세우지 아니하면 예언하는 자만 못하니라."

02 뜻을 말씀드리겠습니다

예언 은사 : 하나님의 말씀을 직접 듣고 사람들에게 하나님의 뜻을 전하는 일과 앞으로 일어날 일을 미리 말하는 능력.

03 이야기하겠습니다

P 집사 할머니는 생전에 믿음생활을 잘하신 분입니다. 하나님 중심의 신앙생활을 했고, 교회의 모든 일에 성실하며 최선을 다해 충성했습니다. 할머니는 새벽기도를 빠짐없이 참석하고 개인기도를 많이 하여 '기도하는 집사님'이라는 별명을 들을 정도였습니다. 할머니는 신앙생활의 모범이 되어 성도들이 존경했습니다.

그 할머니 집사님이 돌아가시기 3일 전에 기도하던 중, 홀연히 천사가 나타났습니다. 그리고 3일 후에 자신을 천국으로 데려가겠다는 말을 들었습니다.

그래서 할머니는 집안 식구들을 불러 놓고 천사가 나타난 일에 대해 말했습니다. 그리고 "내가 3일만 있으면 하나님께로 가니 그리 알고 모든 식구가 하나님 잘 믿고 천국에서 만나자."라고 말했습니다.

그러자 식구들은 "멀쩡한 사람이 죽기는 왜 죽겠어요?"라고 하며 믿지 않았습니다. 그 후에 할머니는 음식을 드려도 "난 이제 세상 음식은 안 먹는다. 하늘에 가서 좋은 것을 먹을 테다."라고 하시며 천국 갈 준비를 하였습니다.

드디어 3일 째가 된 날 아침에 할머니는 "저기 천사가 나를 데리러 왔구나, 모두 잘 지내거라. 천국에서 만나자." 하시며 조용히 숨을 거두셨습니다. 이때 동네 사람들이 밖에서 할머니네 집 지붕에 무지개가 생기면서 하늘까지 뻗쳐 있는 것을 보았다고 말했습니다.

삼일장을 치르면서 가족들은 하나님께 진심으로 감사드렸습니다. 가족들은 하나님의 살아 계심을 믿고 남은 생애를 충성하기로 다짐하였고, 하나님이 부르실 때 천국에서 어머니를 만나겠다고 다짐했습니다.

추운 겨울이었지만 날씨가 매우 좋아서 장례식에 온 사람들 모두 진심으로 하나님은 살아 계시다고 말했습니다. 이 할머니 집사님의 예언을 들은 사람 중에 많은 사람이 예수님을 영접했습니다.

성령하나님은 진심으로 구하는 자에게 예언의 은사를 주십니다. 예언의 은사를 잘 사용하면 많은 사람에게 유익을 주고 하나님의 살아 계심을 보여줍니다.

04 느낀 점을 말씀드리겠습니다

05 실천할 것을 말씀드리겠습니다

06 결심기도

07 매일 실천한 것을 일기 쓰십시오

08 영성교육
방언 은사

01 암송하겠습니다

(막 16:17)

"믿는 자들에게는 이런 표적이 따르리니 곧 그들이 내 이름으로 귀신을 쫓아내며 새 방언을 말하며"

02 뜻을 말씀드리겠습니다

방언 은사 : 성령하나님의 역사로 습득한 일이 없는 언어를 하는 말.

03 이야기하겠습니다

〈쉬운 성경 / 고전도전서 14장 – 방언에 관한 바울 사도 교훈의 말씀〉

[2] 방언을 말하는 사람은 사람에게 말하는 것이 아니라 하나님께 말하기 때문에, 그가 하는 말을 알아들을 수 있는 사람이 없습니다. 그 사람은 자기의 영으로 하나님의 비밀을 말하는 것입니다.

[13] 이런 이유로, 방언으로 말하는 사람은 자기가 말하는 것을 통역할 수 있게 해 달라고 기도해야 합니다.

[14] 혹시 내가 방언으로 기도하게 된다면 내 영은 기도하지만, 내 마음은 아무런 열매가 없습니다.

[15] 그렇다면 어떻게 하면 좋겠습니까? 나는 영으로 기도하면서 마

음으로도 기도하겠습니다. 또, 영으로 찬양하면서 마음으로도 찬양하겠습니다.

[16] 그렇지 않고 여러분이 영으로만 하나님께 감사한다면, 거기에 참석한 초심자가 여러분의 말을 알아듣지 못하는데 어떻게 여러분이 드린 감사에 "아멘"이라고 말하겠습니까?

[17] 여러분이 감사한 것 자체는 잘한 일이었는지 몰라도 다른 사람에게는 덕을 세우지 못하는 것입니다.

[18] 나는 내가 여러분 중의 어느 누구보다도 더 많이 방언을 말하는 것으로 인해 하나님께 감사드립니다.

[19] 그러나 나는 교회에서 방언으로 만 마디를 말하는 것보다 알아들을 수 있는 언어로 다섯 마디를 말하기를 원합니다.

[20] 성도 여러분, 생각하는 데 있어서는 어린아이가 되지 마십시오. 악에 대해서는 갓난아이가 되어야 하겠지만, 생각하는 데 있어서는 어른이 되어야 합니다.

[21] 율법에 이런 기록이 있습니다. 주님께서 말씀하시기를, "다른 방언하는 사람들과 외국인의 입술을 통해 이 백성에게 말할지라도 저희가 오히려 나의 말을 듣지 않을 것이다."

[22] 그러므로 방언은 믿는 사람들이 아니라 믿지 않는 사람들을 위해 주신 표적이지만, 예언은 믿지 않는 사람들이 아니라 믿는 사람들을 위해 주신 것입니다.

[23] 만일 모든 교회가 한 자리에 모여서 저마다 방언으로 말한다면, 깨달음이 적은 사람이나 믿지 않는 사람이 교회에 들어와서는 여러분을 정신 나갔다고 하지 않겠습니까?

[27] 누군가 방언을 말하게 되는 경우, 두 사람 혹은 기껏해야 세 사람 정도만 말하게 하십시오. 그것도 한 번에 한 사람씩 말하고, 한 사람은 통역을 하십시오.

[28] 통역하는 사람이 없으면 교회에서는 방언을 하지 말고, 자기 자신과 하나님께만 말하십시오.

[39] 그러므로 나의 성도 여러분, 예언하기를 간절히 바라십시오.
그리고 방언으로 말하는 것을 막지 마십시오.
[40] 다만 모든 것을 적당하게 하고 질서 있게 하십시오.

04 느낀 점을 말씀드리겠습니다

05 실천할 것을 말씀드리겠습니다

06 결심기도

07 매일 실천한 것을 일기 쓰십시오

영성교육
방언통역 은사

01 암송하겠습니다

(고전 14:27)

"만일 누가 방언으로 말하거든 두 사람이나 많아야 세 사람이 차례를 따라 하고 한 사람이 통역할 것이요"

02 뜻을 말씀드리겠습니다

방언통역 은사 : 성령하나님의 역사로 습득한 일이 없는 언어를 번역하여 그 뜻을 알게 해 주는 것.

03 이야기하겠습니다

성령하나님은 방언통역 은사도 주십니다.

어떤 사람이 하나님께 "여러 가지 은사를 주십시오."라고 기도를 많이 했습니다.

그러던 어느 날, 옆 사람이 방언으로 기도하고 있었습니다. 그런데 방언기도 소리가 선명하게 한국말로 통역이 되어 들리는 것이었습니다. 그 사람은 신기해서 귀를 기울이고 방언 소리를 들었습니다. 계속해서 방언이 한국말로 들렸습니다.

그 후부터 자기가 듣고자 하면 다른 사람의 방언이 한국말로 들려서 통역할 수 있었습니다.

　성령 받은 사람의 방언기도 통역 내용은 주로 자기 죄를 고백하는 내용이거나 하나님을 찬양하는 내용, 그리고 하나님께 감사하는 내용, 또 하나님께 영광을 돌리는 내용이었습니다.

　그런데 마귀방언을 하는 것도 듣게 되었습니다. 어떤 사람은 방언기도를 하는데 하나님이 없다는 내용, 하나님을 저주하는 내용, 하나님을 욕하는 내용, 마귀를 찬양하는 내용, 마귀를 믿으라는 내용이었다고 합니다.

　그 사람은 어느 날 산속을 산책하는데 새들이 지저귀는 소리가 한국말로 들렸다고 합니다.

　"하나님께 감사합니다. 일용할 양식을 주셔서 감사합니다. 좋은 날씨를 주셔서 감사합니다. 하나님은 창조주이십니다. 하나님은 거룩하십니다. 하나님 사랑합니다."

　이런 내용으로 노래하고 있었다고 합니다.

　방언통역의 은사는 매우 놀라운 성령하나님이 주시는 은사입니다.

04 느낀 점을 말씀드리겠습니다

05 실천할 것을 말씀드리겠습니다

06 결심기도

07 매일 실천한 것을 일기 쓰십시오

교
인
보
감
3

01장 봉사활동
02장 공의, 정의
03장 공사 구분
04장 개인차이 존중
05장 공동체 의식
06장 협동심
07장 준법정신
08장 부정행위
09장 자기권리

Part 04

사회생활편
인성교육

01 봉사활동

인성교육

01 암송하겠습니다

(벧전 4:10)

"각각 은사를 받은 대로 하나님의 여러 가지 은혜를 맡은 선한 청지기 같이 서로 봉사하라."

02 뜻을 말씀드리겠습니다

봉사활동 : 국가나 사회 또는 남을 위하여 자신을 돌보지 아니하고 애씀.

03 이야기하겠습니다

'조안 C. 존스'가 쓴 『인생의 지침(Guide-posts)』에 다음과 같은 글이 있습니다.

간호학교에 입학하고 2년째인 어느 날, 갑자기 교수님이 예고도 없이 쪽지 시험을 치렀습니다.

나는 문제를 술술 풀어나갔지만, 마지막 문제에서 그만 막히고 말았습니다.

'학교 청소부 아주머니의 이름은 무엇인가?'

나는 교수님이 장난으로 이 문제를 낸 것으로 생각했습니다. 청소부 아주머니와 여러 번 마주친 적은 있었지만, 누가 그분의 이름까지 알고 있겠습니까? 나는 마지막 문제의 답을 공란으로 비워두고 답안지를 제출했습니다.

수업을 마치는 종이 울리기 전에 한 학생이 마지막 문항도 점수에 반영이 되느냐고 물었습니다.

"물론이지."

교수님은 대답하셨습니다.

"여러분은 간호사로서 앞으로 수많은 사람을 대하게 될 것입니다. 한 사람 한 사람 모두가 중요한 사람들입니다. 이들은 여러분의 각별한 주의와 배려를 받을 권리가 있습니다.

설사 여러분이 할 수 있는 일은 미소를 보내며 인사를 건네는 것이 전부라 하더라도 말입니다."

지금도 난 그 수업을 절대 잊지 않고 있습니다. 청소부의 이름이 '도로시'였다는 것도 말입니다.

우리가 주위의 사람들에게 조금만 관심을 기울인다면 다른 사람들에게 많은 도움을 줄 수 있을 것입니다. 도움을 준다는 것은 자신에게는 행복입니다.

04 느낀 점을 말씀드리겠습니다

05 실천할 것을 말씀드리겠습니다

06 결심기도

07 매일 실천한 것을 일기 쓰십시오

02 공의, 정의
인성교육

01 암송하겠습니다

(잠 21:3)

"공의와 정의를 행하는 것은 제사 드리는 것보다 여호와께서 기쁘게 여기시느니라."

02 뜻을 말씀드리겠습니다

공의 : 공정하고 공평한 도리.
정의 : 사회나 공동체를 위한 옳고 바른 도리.

03 이야기하겠습니다

'손무자'는 제나라 사람으로 그의 병법은 유명합니다.

오나라 왕 '개려'가 그의 병법 13편을 읽고는 크게 감탄하고 그를 청하여 시험해 보았습니다.

손무자는 비록 부녀자라도 강한 군사가 될 수 있다며 궁녀 180명을 두 대로 나누어 왕의 애첩 둘을 대장으로 세우고 훈련하기 시작했습니다.

그는 군사는 먼저 호령을 엄히 하고 다음은 상벌을 밝히 해야 한다고 하면서 명령을 엄격하게 지키라고 하였고, 어기는 자는 군법으로 처벌한다고 말했습니다.

　그러나 궁녀들은 서로 입을 막고 웃을 뿐 명령을 잘 지키지 않았고 군기가 심히 문란했습니다.

　손무자는 "약속이 밝지 못하고 명령이 미치지 못함은 대장의 죄고 두세 번 일러 주어도 명령대로 하지 않음은 사병의 죄다. 그러므로 군법대로 목을 베되 모두 벨 수는 없으니 두 대장만 목을 칠 것을 엄명한다."라고 말했습니다. 그리고 그는 두 여자 대장을 결박했습니다.

　오나라 왕은 두 애첩을 지극히 사랑했으므로 그들을 용서하도록 손무자에게 간청했습니다. 그런데도 손무자는 뜻을 굽히지 않았습니다.

　"군사는 농담이 없는 법이고 대장은 군중에 있어서는 왕의 명령이라도 받을 수 없습니다. 또한, 왕의 명령이라고 해서 죄 있는 자를 용서한다면 어떻게 다른 사람을 복종케 할 수 있으리까."

　그렇게 말하고 좌우를 명하여 두 애첩을 속히 베게 하니 모든 궁녀가 다 놀랐고, 그 후로는 태도가 바르고 불 가운데 들어가라 해도 들어가는 군사가 되었습니다.

　오나라 왕은 두 미녀를 잃은 것 때문에 한탄하며 손무자를 등용하기를 주저하였으나, 충신 오원이 "아름다운 여자는 또다시 얻을 수 있으나 좋은 장수는 얻을 수 없습니다."라고 간언하여 그를 오나라 군대 대장으로 임명했습니다.

　그리하여 오나라는 서쪽으로 초나라를 대파했고 북으로는 제나라, 진나라를 제압하여 그 위엄을 천하에 떨칠 수가 있었습니다. 손무자는 공의로운 사람이었습니다.

04 느낀 점을 말씀드리겠습니다

05 실천할 것을 말씀드리겠습니다

06 결심기도

07 매일 실천한 것을 일기 쓰십시오

03 공사 구분

인성교육

01 암송하겠습니다

권영구

공과 사를 구별하여 행동하는 사람은 자신에게 정직한 사람이며 다른 사람에게는 신뢰를 얻게 되어 큰일을 맡게 된다.

02 뜻을 말씀드리겠습니다

공(公) : 여러 사람에게 관계되는 국가적이거나 사회적, 또는 직장에 일.
사(私) : 개인에게 관계되는 사사로운 것.

03 이야기하겠습니다

교회를 운영하다 보면 생각지 않는 일이 생깁니다.

어느 날, 한 집사님이 찾아왔습니다. 매우 급하니 교회 돈을 빌려주시면 한 달 안에 갚겠다는 것이었습니다. 그리고 잘 되면 이자도 많이 드리고 헌금도 하겠다고 말하는 것입니다.

매우 고민이 되었습니다. 빌려주면 그 사람과의 관계는 좋겠지만 잘못하면 돈도 잃고 사람도 잃게 됩니다. 그리고 돈을 갚지 못하면 담임목사가 책임져야 합니다.

빌려주지 않으면 시험 들어 교회 나오지 않을 것 같은 기분이 들었습니다. 그래서 기도했습니다.

  교회 헌금은 공적인 돈입니다. 그러므로 하나님의 돈을 누구에게는 빌려주고 누구에게는 안 빌려주는 일을 할 수 없습니다. 그리고 한 사람에게 빌려주면 다른 어려운 사람들도 빌려달라고 찾아올 것입니다. 그때 거절할 수가 없습니다.

  돈을 빌려주는 것은 사적인 일입니다. 그래서 설명해 드리고 안 되겠다고 말했습니다. 그랬더니 다행히 시험 들지 않고 넘어갔습니다.

  어떤 일이 발생할 때 공과 사를 구분한다는 것은 어려운 일입니다. 그리고 공적으로 결정한다는 것은 더 어려운 일입니다. 하지만 공과 사를 구분하여 일하는 사람이 되어야 합니다. 그래야 나중에 후회가 없고 깨끗하고 신뢰받는 사람이 됩니다.

04 느낀 점을 말씀드리겠습니다

05 실천할 것을 말씀드리겠습니다

06 결심기도

07 매일 실천한 것을 일기 쓰십시오

04 개인차이 존중

인성교육

01 암송하겠습니다

권영구

　사람마다 개인차이가 있다는 것을 인정하고 상대방의 말에 귀를 기울이면 더 좋은 아이디어를 얻을 수 있고, 많은 사람을 주변에 두게 되어 큰일을 할 수 있다.

02 뜻을 말씀드리겠습니다

개인차이 : 각 사람마다 마음, 생각, 말, 행동, 사상, 실력이 다른 것.
존중 : 높이어 중요하게 여기는 것.

03 이야기하겠습니다

　진 여사는 성품이 내성적입니다. 가정도 안정적인 생활 속에서 자라 마음이 선하고 참을성이 많고 차분합니다. 모든 사람이 좋아하는 성품과 인격을 가졌습니다. 그녀는 결혼 후에도 좋은 신랑을 만나서 안정된 생활을 합니다.

　주변 사람들이 매우 사귀기 편하고 좋은 사람이라고 말합니다. 그래서 사랑도 많이 받고 칭찬도 듣습니다. 무슨 일이든 시키면 순종하고 차분하게 생각하여 성공적으로 임무를 완수합니다. 그래서 더 좋은 점수를 받습니다. 모든 사람이 부러워할 만한 실력을 갖추고 있습니다.

고 여사는 성품이 외향적입니다. 사람을 만나면 말을 많이 합니다. 그래서 실수도 많이 합니다. 가정도 불안정합니다. 남편의 수입이 적어 자신도 직장생활을 하고 있습니다.

고 여사는 옷도 자유롭게 입고 다니고 머리에 염색도 했습니다. 모르는 사람이 보면 약간 불량스러워 보입니다. 하지만 언제나 명랑하고 얼굴이 밝습니다. 그리고 자신감이 넘치고 소망에 차있습니다. 겉으로는 불량스러워 보이나 속은 참 선하여 언제나 다른 사람의 어려움을 보면 도와주려고 합니다.

또 고 여사가 나타나면 조용한 분위기가 금방 활기차게 바뀝니다. 유머를 잘해서 웃음을 주기 때문에 많은 사람이 고 여사를 좋아합니다.

진 여사와 고 여사는 차이가 나지만 서로 틀린 것은 아닙니다. 서로 다른 것입니다. 이 개인차이를 인정하고 서로 존중해야 합니다. 모든 사람이 진 여사와 같을 수도 없고 또 고 여사와 같을 수도 없습니다. 사람은 모두 개인적으로 차이가 나고 그런 사람들이 모여 함께 도우며 살아가는 것입니다.

남자와 여자도 차이가 납니다. 하지만 서로 이해하고 도와 가며 살고 있습니다. 이렇게 사람마다 다르다는 것을 인정해야 합니다.

그렇다고 모두 옳은 것은 아닙니다. 죄나 악을 행하는 차이는 나쁜 것이고 틀린 것입니다. 말이나 행동에서 악을 행하거나 죄를 짓는 차이는 분명히 틀린 것입니다. 그러므로 개인 차이는 인정하나 죄와 악한 것은 구별해야 합니다.

04 느낀 점을 말씀드리겠습니다

05 실천할 것을 말씀드리겠습니다

06 결심기도

07 매일 실천한 것을 일기 쓰십시오

인성교육

공동체 의식

01 암송하겠습니다

권영구

공동체는 개인을 위한 것이 아니라 그 단체를 위한 모임임을 깨닫고 개인적인 행동을 삼가 해야 한다. 그 단체를 해롭게 하는 말과 행동을 하지 말고 그 단체의 목적과 지향하는 방향을 함께 이루어야 한다.

02 뜻을 말씀드리겠습니다

공동체 : 운명이나 생활, 목적 등을 같이하는 두 사람 이상의 조직체.
의식 : 삶이나 역사와 같은 대상에 대한 올바르고 제대로 된 인식이나 판단.

03 이야기하겠습니다

우리의 몸은 공동체입니다. 몸은 하나입니다. 그러나 몸은 한 지체가 아니라 많은 지체로 이루어져 있습니다.

만일 발이 "나는 손이 아니니 몸에 속하지 않았다."라고 말한다고 해도 발이 몸에 속하지 않은 것이 아닙니다. 또 귀가 "나는 눈이 아니니 몸에 속하지 않았다."라고 말할지라도 귀가 몸에 속하지 않은 것이 아닙니다.

만일 몸 전체가 눈이라면 듣는 곳은 어디겠습니까? 만일 몸 전체가 듣는 곳이라면 냄새 맡는 곳은 어디겠습니까? 만일 모든 것이 한 지체로 되어 있다면 몸은 어디에 있겠습니까?

하나님께서는 여러 지체를 각각 그분이 원하시는 대로 몸에 두셨습니다. 지체는 많으나 몸은 하나입니다.

그러므로 눈이 손에게 "나는 네가 필요 없다."라고 말하거나, 머리가 발에게 "나는 네가 필요 없다."라고 말할 수 없습니다.

이뿐 아니라 더 약해 보이는 몸의 지체들이 오히려 중요합니다. 그리고 우리가 몸 가운데 덜 귀하다고 생각되는 지체들을 더 귀한 것으로 입혀 주어 우리의 볼품없는 지체들은 더 큰 아름다움을 갖게 됩니다.

우리의 아름다운 지체들에게는 그럴 필요가 없습니다. 하나님께서는 몸을 고르게 짜 맞추셔서 부족한 지체에게 더 큰 존귀를 주셨습니다.

그리하여 몸에서 분열이 없게 하시고 지체들이 서로 돌아보게 하셨습니다. 한 지체가 고통을 당하면 모든 지체가 함께 고통을 당하고, 한 지체가 영광을 얻으면 모든 지체가 함께 기뻐합니다. 몸은 하나의 공동체이기 때문입니다.

그러므로 사람은 공동체 의식을 가지고 살아야 합니다. 가정이 작은 공동체입니다. 교회도 공동체입니다. 학교도 공동체입니다. 직장도 공동체입니다. 더 나아가 국가도 공동체입니다. 그러므로 이기적인 마음과 개인주의를 버리고 공동체 의식으로 살아야 합니다.

04 느낀 점을 말씀드리겠습니다

05 실천할 것을 말씀드리겠습니다

06 결심기도

07 매일 실천한 것을 일기 쓰십시오

06 협동심

인성교육

01 암송하겠습니다

앤드류 카네기

경영의 즐거움 중에 빼놓을 수 없는 것이 약한 자들이 합해 강자를 이기고, 평범한 사람들이 합해 비범한 결과를 내는 것이다. 협동심은 공통된 비전을 향해 함께 일하는 능력이며 성공의 비결이다.

02 뜻을 말씀드리겠습니다

협동심 : 서로 몸과 마음을 합하여 어떤 일을 해내는 마음.

03 이야기하겠습니다

사람은 때때로 외롭거나 쓸쓸할 때가 있습니다. 친구도 형제도 귀찮아지는 경우도 있습니다. 이런 때는 화목이니 우애니 친절이니 하는 것도 부질없는 일인 것 같이 여겨집니다.

'0'이라는 수의 이야기를 소개하겠습니다.

'0'은 그 자신이 외롭고 초라했습니다. 아무것도 가진 것이 없고, 그의 곁에는 아무도 없었던 것입니다.

그래서 그는 자신과 같이 있어 줄 친구를 찾아다니기 시작했습니다. '0'은 1, 2, 3… 모든 숫자를 만나 보았지만, 그들은 모두 작고 가진 것이 없는 '0'의 친구가 되기를 거절했습니다. '0'은 좌절감에 빠지고 맙니다.

'1'도 '0'과 마찬가지로 친구를 찾아 헤맸지만 거만한 숫자들에게 거절당하고 맙니다.

그러나 '1'과 '0'이 친구가 되어 '10'을 이루게 되자, 이제까지 무시하고 멸시했던 숫자들이 모여들어 친구가 되기를 간청했습니다. 이처럼 아무리 작고 미약한 존재일지라도 뭉치고 합하면 큰 힘을 발휘할 수 있다는 것은 불변의 진리입니다.

'1'이나 '0'은 분명히 '8'이나 '9'보다 작고 초라한 숫자입니다. 그러나 이들이 결합하여 이루어진 '10'이라는 수는 확실히 '8'이나 '9'보다 크고 우월하지 않습니까?

교회는 힘없고 작은 사람들이 협동하여 큰일을 이루는 곳이 되어야 합니다. 11명의 힘없고 낮은 예수님의 제자들이 오늘의 기독교를 이루었듯이 말입니다.

04 느낀 점을 말씀드리겠습니다

05 실천할 것을 말씀드리겠습니다

06 결심기도

07 매일 실천한 것을 일기 쓰십시오

07 준법정신
인성교육

01 암송하겠습니다

(딤후 2:5)

"경기하는 자가 법대로 경기하지 아니하면 승리자의 관을 얻지 못할 것이며"

02 뜻을 말씀드리겠습니다

준법정신 : 자발적으로 법을 존중하고 지키고자 하는 정신.

03 이야기하겠습니다

컴퓨터 수리와 부품 판매업을 하는 S 집사가 차를 바꾸었습니다. 사업이 잘되어 새 차를 장만한 줄 알았는데, 주일에 보니 새것도 아닌 중고 경차를 몰고 왔습니다.

사연인즉, 그동안 형편이 어려워 세금을 못 내서 타고 다니던 차를 공매로 넘기고 밀린 세금을 냈다는 것입니다.

처음에는 세무서에서 독촉이 오면 '돈이 없는데 어쩌란 말이야? 사업 면허를 취소할 테면 하라지.' 이렇게 생각했습니다. 내지 잃으려는 것이 아니라 없어서 못 내는 것이니 아무 죄책감이 없었습니다.

그런데 생각해보니 '돈이 없는 게 자랑은 아니지 않은가? 사업을 하는데 돈이 없는 것도 내 삶의 결론인데 책임을 져야 하지 않을

까?' 하는 부담이 생겼습니다.

그러나 당장 돈을 마련할 방법이 없어 고민이 됐습니다. 세무서 직원이 차를 공매로 넘겨보라고 했지만, 컴퓨터 기기나 부품을 싣고 다니려면 차가 꼭 필요했기 때문에 마음먹기가 쉽지 않았습니다.

그런 중에 로마서를 읽다가 (롬 13:6) "너희가 조세를 바치는 것도 이를 인함이라. 저희가 하나님의 일꾼이 되어 바로 이 일에 항상 힘 쓰느니라."라는 말씀에 찔림을 받고, 차를 공매에 넘기고 중고 경차로 바꾼 것입니다.

국민으로서 세금을 내는 것은 당연한 의무입니다. 그런데 대부분의 사람이 세금이나 공과금, 과태료 내는 것을 아까워하고 어떻게든 내지 않으려고 애를 씁니다.

크리스천이라고 해도 세금을 투명하고 정확하게 낸다는 것이 쉬운 일은 아닙니다. 하지만 사소해 보이는 공과금, 세금을 성실하게 내는 준법정신을 가진 사람이라면 어떤 일도 믿고 맡길 수 있습니다.

(막 12:17) "이에 예수께서 이르시되 가이사의 것은 가이사에게 하나님의 것은 하나님께 바치라 하시니 그들이 예수께 대하여 매우 놀랍게 여기더라."라고 말씀하십니다. 그러므로 기독교인은 준법정신을 가지고 지켜야 합니다.

04 느낀 점을 말씀드리겠습니다

05 실천할 것을 말씀드리겠습니다

06 결심기도

07 매일 실천한 것을 일기 쓰십시오

08 인성교육
부정행위

01 암송하겠습니다

(미 6:11)

"내가 만일 부정한 저울을 썼거나 주머니에 거짓 저울추를 두었으면 깨끗하겠느냐?"

02 뜻을 말씀드리겠습니다

부정행위 : 옳지 못한 행위, 또는 정당하지 않은 행위.

03 이야기하겠습니다

요즘 들어 우리 사회에서 생각지도 못했던 별별 일들이 연이어 일어나고 있어 우리 모두를 당혹스럽게 합니다.

그런 일 중에서도 가장 별나고 서글픈 일이 수능시험 부정 사건이 아닐까 싶습니다.

이 사건이 더욱 어처구니없는 점은 자녀들이 휴대전화로 수능시험에서 부정행위를 저지르는 일에 어떤 부모들은 협조했다는 사실과 시험 당일에 시험 감독관들이 수험생들이 부정행위를 하는 현장을 보았으면서도 그냥 보고만 있었다는 점입니다. 그들의 변명은 학생들의 장래를 망치게 할 수 없어 적발하지 않았다는 것입니다.

이런 유의 집단 범죄는 우리 사회의 도덕성이 어느 정도까지 떨어져 있는지를 드러내 주는 한 구체적인 예가 됩니다.
　우리 사회가 아예 집단 도덕 불감증에 걸려 있다고 표현해도 지나치지 않을 것입니다. 문제는 이런 현실을 개탄만 하고 있을 것이 아니라, 어떻게 하면 극복하고 치료할 수 있느냐 하는 것입니다.
　이런 슬픈 현실의 문제를 고쳐 나가는 것에 다른 지름길이 있을 리 없습니다. 어른들이 정직한 삶에 대한 본을 보이는 도리밖에 없습니다.
　우리 어른들이 각성하여 자녀들에게 진실하게 사는 삶이 진정 인간다운 삶이고, 정직한 삶이 성공에 이르는 바른길임을 삶으로 보여 주는 길밖에 없을 것입니다.

04 느낀 점을 말씀드리겠습니다

05 실천할 것을 말씀드리겠습니다

06 결심기도

07 매일 실천한 것을 일기 쓰십시오

09 인성교육
자기권리

01 암송하겠습니다

권영구

자기권리라고 주장하는 것이 이기적이고 도덕과 양심에 맞지 않는다면 잘못된 것이고, 현실과 도덕에 맞는 것이라면 타당한 것이다.

02 뜻을 말씀드리겠습니다

자기권리 : 자신이 어떤 일을 주체적으로 자유롭게 처리하거나 타인에 대하여 당연히 주장하고 요구할 수 있는 자격이나 힘.

03 이야기하겠습니다

모든 사람은 창조주 하나님 앞에 평등합니다.

하지만 사람이 살다 보면 억울한 일이 생길 때가 있습니다. 그때 정당하게 자기권리를 주장해야 합니다.

주로 강자는 권리를 주장하지만 사회적 약자는 권리주장을 잘 하지 못합니다. 그것은 약자로서 항상 참고 살아왔기 때문입니다. 또 권리를 주장하다가 더 큰 해를 당할까봐 걱정도 되기 때문입니다.

그러나 큰 손해를 본다거나 피해를 봤을 때는 포기하지 말고 자기권리를 주장하는 것이 좋습니다. 어려운 일이라면 이것을 대변하는 변호사나 법무사를 이용하는 것도 좋은 방법입니다.
그러나 자기에게 불리한 조건일 때는 하지 않는 것이 지혜로운 일입니다. 작은 일에 권리를 주장하다가 더 큰 손해를 볼 수 있기 때문입니다.

어떤 소기업 사장님이 있었습니다. 그는 대기업에서 주문을 받아 물건을 만들어 납품했습니다.
어느 날, 물건을 납품했는데 물건값을 약속한 날짜에 주지 않았습니다. 그래서 자신의 공장 직원들에게도 월급을 주지 못했습니다. 화가 난 김 사장이 참지 못하고 자기권리를 주장하여 싸우다가 고소까지 했습니다.
나중에 거래하던 대기업에서 물건값을 주었습니다. 그러나 그 기업과 거래가 끊어지면서 대량 주문받을 회사가 없어 결국 공장 문을 닫게 되었습니다.

자기권리 주장은 미래를 내다보고 하는 것이 좋습니다. 아무것에나 무조건 자기권리를 주장한다면 무식하고 이기적인 사람이 될 수 있습니다. 큰 유익이 없을 때는 참는 것도 지혜로운 생각입니다.
또 권리를 주장할 때는 감정적으로 하지 말고 이성적으로 냉철하게 판단해야 합니다. 처음부터 감정적으로 싸움을 걸어 자기권리를 주장하면 상대방과의 관계가 깨지고 나쁜 결과가 생길 수 있습니다.
자기권리 주장을 선한 방법으로 하다가 그래도 안 되면 마지막에 가서 끝을 맺는 방법을 사용해야 합니다.
자기권리 주장은 가정, 직장, 교회, 사회 전반에서 할 수 있습니다. 그러나 하나님의 방법은 선한 방법입니다.
(롬 12:21) "악에게 지지 말고 선으로 악을 이기라."

04 느낀 점을 말씀드리겠습니다

05 실천할 것을 말씀드리겠습니다

06 결심기도

07 매일 실천한 것을 일기 쓰십시오

교인보감 3

01장 마귀

02장 귀신

03장 우상숭배

04장 악한 영들

Part 05

마귀편
영성교육

01 마귀
영성교육

01 암송하겠습니다
(요 8:44)

> 너희는 너희 아비 마귀에게서 났으니 너희 아비의 욕심대로 너희도 행하고자 하느니라. 그는 처음부터 살인한 자요 진리가 그 속에 없으므로 진리에 서지 못하고 거짓을 말할 때마다 제 것으로 말하나니 이는 그가 거짓말쟁이요 거짓의 아비가 되었음이라.

02 뜻을 말씀드리겠습니다

마귀 : 원어의 뜻은 '고소하는 자, 참소하는 자'라는 뜻이며, 사탄(적대자)이라고도 함. 또 하나님 나라에서 천사로 있다가 하나님께 반역하여 쫓겨 난 자이며, 악한 영들의 대표자임.

03 이야기하겠습니다

〈 마귀의 팔복 〉

① 피곤하고 바쁘다는 핑계로 교회에 나가지 않는 자는 복이 있나니, 그들이 나의 가장 믿을 만한 일꾼이 될 것임이요.
② 목사의 과오나 흠을 보고 트집을 잡는 자는 복이 있나니, 설교를 들어도 은혜를 받지 못할 것임이요.

③ 자기 교회이면서도 나오라고 사정사정해야만 나오는 자는 복이 있나니, 그들은 교회 안에서 말썽꾸러기가 될 것임이요.
④ 남의 말 옮기기를 좋아하는 자는 복이 있나니, 그들은 내가 가장 좋아하는 다툼과 분쟁을 일으킬 것임이요.
⑤ 걸핏하면 삐죽거리는 자는 복이 있나니, 그들은 작은 일에도 화를 내고 교회를 곧 그만둘 것임이요.
⑥ 하나님의 일에 인색하고 헌금하지 않는 자도 복이 있나니, 그들은 나의 일을 가장 잘 돕는 자일 것임이요.
⑦ 성경을 읽고 기도할 수 없을 만큼 바쁜 자는 복이 있나니, 그들은 나의 유혹에 쉽게 넘어가 마침내 나의 조롱거리가 될 것임이요.
⑧ 하나님을 사랑한다 하면서도 자기의 형제와 이웃을 미워하는 자는 복이 있나니, 그들은 나의 영원한 친구가 될 것이니라.

04 느낀 점을 말씀드리겠습니다

05 실천할 것을 말씀드리겠습니다

06 결심기도

07 매일 실천한 것을 일기 쓰십시오

02 영성교육
귀신

01 암송하겠습니다
(행 5:16)

"예루살렘 부근의 수많은 사람들도 모여 병든 사람과 더러운 귀신에게 괴로움 받는 사람을 데리고 와서 다 나음을 얻으니라."

02 뜻을 말씀드리겠습니다

귀신 : 사람을 해치는 힘을 가진 '악령'으로서, '마귀'의 사자나 종으로 생각됨.

03 이야기하겠습니다

어떤 의사가 말하기를 한국인의 60%가 장내에 위염과 위암의 원인이 되는 '헬리코박터 파일로리균'을 가지고 있다고 하였습니다. 그 균이 우리 장내에 있지만, 평소에는 내 안에 그 균이 있는지 없는지를 의식하지 못한 채 살아간다는 것입니다.

귀신의 존재도 마찬가지입니다. 귀신은 분명히 이 세상에 존재하지만, 사람들은 그 귀신이 어디에 있는지, 사람에게 어떻게 영향을 끼치고 있는지를 알지 못한 채 살아갑니다. 깨닫기로는 귀신은 병균과 매우 유사합니다.

첫째, 병균은 보이지 않습니다. 마찬가지로, 귀신도 보이지 않습니다.

둘째, 병균은 더러운 곳에서 잘 번식합니다. 마찬가지로 귀신은 더러운 죄가 있는 곳에서 강력한 영향력을 행사합니다.

셋째, 병균은 사람 속에 침투해 들어옵니다. 마찬가지로 귀신도 사람 속에 침투해 들어옵니다.

넷째, 병균이 몸속에서 계속 번식하도록 그냥 두면 결국 우리는 병들어 죽습니다. 마찬가지로 귀신이 내 생각 속에 계속 영향력을 끼치게 그냥 두면 내 영혼은 죽고, 내 인생은 파멸로 끝납니다.

다섯째, 병균은 빛을 싫어합니다. 빛에 노출되면 몇 초 만에 죽습니다. 마찬가지로, 귀신은 빛 되신 하나님을 싫어합니다.

(요 8:12) "예수께서 또 말씀하여 이르시되 나는 세상의 빛이니 나를 따르는 자는 어둠에 다니지 아니하고 생명의 빛을 얻으리라."

귀신들은 어떻게 하든지 사람들이 '빛과 진리' 되신 예수님에게서 멀어지게 하려고 합니다. 그렇게 하여 우리의 영혼을 죽이고, 우리 인생을 파멸시키려고 합니다.

그래서 성경은 우리에게 이렇게 권면합니다.

(엡 6:10~12) "끝으로 너희가 주 안에서와 그 힘의 능력으로 강건하여지고 마귀의 간계를 능히 대적하기 위하여 하나님의 전신 갑주를 입으라. 우리의 씨름은 혈과 육을 상대하는 것이 아니요, 통치자들과 권세들과 이 어둠의 세상 주관자들과 하늘에 있는 악의 영들을 상대함이라."

성도는 귀신의 존재가 있음을 알고 매일 기도로 대적하여 이겨야 합니다.

04 느낀 점을 말씀드리겠습니다

05 실천할 것을 말씀드리겠습니다

06 결심기도

07 매일 실천한 것을 일기 쓰십시오

03 우상숭배

영성교육

01 암송하겠습니다

(출 20:4~6)

"[4] 너를 위하여 새긴 우상을 만들지 말고 또 위로 하늘에 있는 것이나 아래로 땅에 있는 것이나 땅 아래 물 속에 있는 것의 어떤 형상도 만들지 말며 [5] 그것들에게 절하지 말며 그것들을 섬기지 말라. 나 네 하나님 여호와는 질투하는 하나님인즉 나를 미워하는 자의 죄를 갚되 아버지로부터 아들에게로 삼사 대까지 이르게 하거니와 [6] 나를 사랑하고 내 계명을 지키는 자에게는 천 대까지 은혜를 베푸느니라."

02 뜻을 말씀드리겠습니다

우상숭배 : 하나님 이외의 사람이나 물체, 신상을 신처럼 섬기는 일. 그리고 하나님 보다 더 사랑하는 것.

03 이야기하겠습니다

노00 성도의 간증입니다.

나는 전라남도 함평의 작은 시골 마을에서 대대로 우상을 섬기는 가정에서 태어났고, 같은 고향의 우상을 섬기는 가정에 시집을 갔습니다.

　나는 인생의 수많은 날을 주님을 모르고 헛되게 살았습니다. 시집을 가서도 어느 곳에 점을 잘 치는 사람이 있다고 하면 만사 제치고 좇아가는 어머님을 따라 점을 보러 다녔고, 가정에 불화와 우환을 없앤다고 절을 찾아다니며 여러 차례 굿도 하곤 했습니다.

　그러던 어느 날, 동서와 점을 보고 나오다 밥을 먹었는데, 그것이 체해서 동서는 무척 고생했습니다.

　그 일이 있고 동서는 교회를 다니기 시작했는데, 하루는 동서가 다니던 교회의 목사님께서 집으로 심방을 오셨습니다. 예배를 마친 후에 목사님께서 "혹시 이 가정에 허리가 아프신 분이 계십니까?"라고 물었습니다.

　그때까지 호기심과 의혹을 가지고 의심의 눈길을 보내며 앉아 계시던 어머님께서 "허리 아픈 사람은 바로 나예요. 그런데 그것을 어떻게 아셨어요?"라며 무척 놀라셨습니다.

　이 일이 계기가 되어 어머님도 교회를 다니기 시작하셨고, 수년 동안 고통당했던 허리의 질병을 하나님께 깨끗이 고침 받았습니다.

　그러던 중에 서울로 이사 오게 된 나는 믿음이 없던 터라, 예전에 우상과 미신을 좇던 습관을 따라 가장 먼저 터를 닦아 액땜한다고 굿을 했습니다.

　그리고 계속해서 점치는 집을 찾아다녔지만 점괘도 시원치 않았고, 가정의 얽히고설킨 일들은 해결이 되질 않아 앞날이 캄캄하기만 했습니다.

　어느 날부터는 몸이 항상 피곤하고 소화가 잘 안 되었습니다. 어쩌다 빵 한 조각이나 국수 한 젓가락이라도 먹는 날엔 속이 더부룩하고 고통스럽기까지 해서 아무것도 먹을 수가 없었습니다. 그러나 삶에 너무 지쳐 있다 보니 병원에도 한 번 가지 못했습니다.

　그러던 차에 교회나 한번 나가보자 하는 생각이 들어 마음먹고 가까운 교회를 나가기 시작했지만, 여전히 마음은 답답했고 남들이 받았다고 하는 은혜는 나와 먼 이야기였습니다.

그래도 성도들이 기도원에 가서 기도하면 병이 낫는다고 하여, 난생처음 기도원에 들어가 10일 금식기도를 시작했습니다. 금식의 날짜가 지날수록 허리가 끊어져 나가는 듯 배가 아파서 고통스러웠습니다.

그때 환상 중에 피가 묻은 십자가가 눈앞에 나타났고, 또 마침 원장 목사님께서 설교 중에 "하나님도 잘 모르고 전도하지 못한 것을 회개해야 합니다."라고 하셨습니다.

나는 그 말씀이 선포될 때 내 가슴으로 와서 떨어지는 것을 느꼈습니다. 그리고 회개기도가 뭔지도 몰랐었던 나는 하나님이 부어 주시는 회개의 영으로 기도하기 시작했습니다.

"하나님, 나는 이때까지 살아오는 동안 예수님을 잘 믿을 기회가 많았는데도 하나님을 버리고 우상을 섬겼어요. 하나님을 잘 알지 못하고 살았던 지난날을 용서해 주세요. 전도도 못 했으니 용서하세요."

이렇게 회개하며 통곡할 때, 갑자기 나의 뱃속에서 운동이 일어나는 것같이 잠깐 꿈틀거리더니 그토록 아팠던 배와 허리의 통증이 사라지고 모든 것이 제 위치로 돌아간 듯 편안해졌습니다. 회개하는 동안 방언도 받고 성령의 충만함도 받았습니다. 할렐루야!

그리고 그날 화장실에 갔더니 몇 십 년 동안 쌓였던 찌꺼기들이 새까맣게 쏟아져 나왔습니다.

그 후로부터는 기운 없고 늘 여기저기 아프던 몸이 가뿐해졌고 먹고 싶던 빵과 밀가루 음식도 마음대로 먹을 수 있게 되었습니다.

04 느낀 점을 말씀드리겠습니다

05 실천할 것을 말씀드리겠습니다

06 결심기도

07 매일 실천한 것을 일기 쓰십시오

04 영성교육
악한 영들

01 암송하겠습니다
(엡 6:12)

"우리의 씨름은 혈과 육을 상대하는 것이 아니요 통치자들과 권세들과 이 어둠의 세상 주관자들과 하늘에 있는 악의 영들을 상대함이라."

02 뜻을 말씀드리겠습니다

악한 영(악령, 악귀) : 마귀나 그 종으로도 알려진 초자연적인 능력을 가진 영으로서, 유대인의 '율법'에 따르면, 사람들에게 병이나 다른 고통을 주고 죄를 짓게 하고 미혹하는 일을 하여 하나님을 믿지 못하게 하는 일을 하는 영.

03 이야기하겠습니다

성경에 나타난 악한 영들을 정리해 봅니다.

악한 영 : (삿 9:23) "하나님이 아비멜렉과 세겜 사람들 사이에 악한 영을 보내시매 세겜 사람들이 아비멜렉을 배반하였으니"

악령 : (삼상 16:14) "여호와의 영이 사울에게서 떠나고 여호와께서 부리시는 악령이 그를 번뇌하게 한지라."

(엡 6:12) "우리의 씨름은 혈과 육을 상대하는 것이 아니요, 통치자들과 권세들과 이 어둠의 세상 주관자들과 하늘에 있는 악의 영들을 상대함이라."

마귀 또는 사탄 : (계 12:9) "큰 용이 내쫓기니 옛 뱀 곧 마귀라고도 하고 사탄이라고도 하며 온 천하를 꾀는 자라. 그가 땅으로 내쫓기니 그의 사자들도 그와 함께 내쫓기니라."

귀신 : (마 12:22) "그 때에 귀신 들려 눈 멀고 말 못하는 사람을 데리고 왔거늘 예수께서 고쳐 주시매 그 말 못하는 사람이 말하며 보게 된지라."

미혹의 영 : (딤전 4:1) "그러나 성령이 밝히 말씀하시기를 후일에 어떤 사람들이 믿음에서 떠나 미혹하는 영과 귀신의 가르침을 따르리라 하셨으니"

거짓말 하는 영 : (대하 18:22) "이제 보소서 여호와께서 거짓말하는 영을 왕의 이 모든 선지자들의 입에 넣으셨고 또 여호와께서 왕에게 대하여 재앙을 말씀하셨나이다 하니"

더러운 영 : (계 18:2) "힘찬 음성으로 외쳐 이르되 무너졌도다 무너졌도다 큰 더러운 영이 모이는 곳과 각종 더럽고 가증한 새들이 모이는 곳이 되었도다."

적그리스도의 영 : (요일 4:3) "예수를 시인하지 아니하는 영마다 하나님께 속한 것이 아니니 이것이 곧 적그리스도의 영이니라. 오리라 한 말을 너희가 들었거니와 지금 벌써 세상에 있느니라."

바알세불 : (마 12:24) "바리새인들은 듣고 이르되 이가 귀신의 왕 바알세불을 힘입지 않고는 귀신을 쫓아내지 못하느니라 하거늘"

그 외에 마귀를 따르는 영적인 존재들을 악한 영이라 합니다. 이런 악한 영들을 조심해야 하고 믿음과 기도로 물리쳐야 합니다.

04 느낀 점을 말씀드리겠습니다

05 실천할 것을 말씀드리겠습니다

06 결심기도

07 매일 실천한 것을 일기 쓰십시오

교인보감 3

01장 바른 성 의식

02장 이성친구

03장 동성애

04장 음란

인성교육
바른 성 의식

01 암송하겠습니다

권영구

성인은 바른 성에 관한 지식을 가지고 있어야 한다. 항상 자신을 절제하고 바른 성생활을 해야 하며 그래야 자신과 가정을 지킬 수 있다.

02 뜻을 말씀드리겠습니다

바르다 : 말이나 행동 따위가 사회적인 규범이나 사리에 어긋나지 아니하고 들어맞다.
성(性) : ❶ 육체적, 심리적, 사회적 측면에서 남성과 여성을 구분하는 특질.
❷ 남녀의 육체적 행위와 관련된 일체의 것.
의식 : 삶이나 역사와 같은 대상에 대한 올바르고 제대로 된 인식이나 판단.

03 이야기하겠습니다

장년들의 바른 성 의식은 자신과 가정을 지키는 일입니다.
하나님은 성경에서 '일부일처제'를 표준으로 제시합니다. 그래서 아담에게 여자를 하나만 만들어 주셨습니다. 이것은 하나님께서 일부일처제를 만드신 것입니다.

성인들의 잘못된 성 의식은 여러 가지 폐단을 만듭니다. 성희롱, 성폭행, 간음, 간통, 음행, 성범죄, 성중독, 관음증, 성도착, 포르노 중독, 컴퓨터 성인사이트 중독, 야동, 스마트폰 성인사이트 중독, 채팅 중독, 근친 간 성폭행 등 많은 문제를 발생시킵니다.

결국, 이런 일들을 통해 가정이 파괴되고 자신도 파괴되는 일이 발생합니다. 뒤늦게 후회하지만 이미 늦은 것입니다. 그러므로 성인들의 건전한 성 의식과 실천이 중요합니다. 잘못된 성 의식에 빠진 사람들은 빨리 빠져나와야 합니다.

뉴스에 보면 채팅에 빠져 자녀를 돌보지 않아 죽은 아이도 있고, 근친 간 성폭행을 하고 죽인 패륜아도 있고, 계부가 어린 자녀를 성폭행한 사건도 나옵니다. 이런 끔찍한 일들이 일어나는 것은 성인들이 바른 성 의식을 가지고 있지 않기 때문입니다.

하나님은 십계명에 간음하지 말라고 하셨습니다. 그리고 (신 22:25) "만일 남자가 어떤 약혼한 처녀를 들에서 만나서 강간하였으면 그 강간한 남자만 죽일 것이요"라고 말씀하고 있습니다. 모든 사람은 하나님께서 하지 말라고 하신 일을 하지 않아야 합니다. 그렇게 하는 것이 자신을 지키고 가정을 지키고 신앙을 지키는 일입니다. 하나님께서 죄라고 하신 것을 행하면 죄를 범한 것이고 형벌을 받아야 합니다.

다윗은 밧세바 간음 사건으로 자녀들끼리 죽이는 벌을 받았습니다. 암논은 이복동생 다말을 강간하여 압살롬에게 죽임을 당했습니다. 야곱의 큰아들 르우벤은 아버지의 젊은 첩을 강간하여 장자의 복을 잃어버리는 벌을 받았습니다.

하나님은 성적인 죄를 지은 사람들을 처벌하셨습니다.

04 느낀 점을 말씀드리겠습니다

05 실천할 것을 말씀드리겠습니다

06 결심기도

07 매일 실천한 것을 일기 쓰십시오

02 이성친구

인성교육

01 암송하겠습니다

이선

애인과 친구는 다르다. 힘이 되는 이성친구가 있을 수는 있다. 하지만 가정이 있는 사람에게 이성친구는 잘못하면 오해를 만들 수 있으므로 행동을 조심해야 한다.

02 뜻을 말씀드리겠습니다

이성 : 남자 쪽에서 여자, 여자 쪽에서 남자를 가리키는 말.
친구 : 같은 또래에 친하게 사귀는 사람.

03 이야기하겠습니다

결혼한 사람에게 이성친구가 있다는 것은 논란을 불러일으킵니다. 일단 배우자들이 의심하고, 인정한다고 해도 기분 나빠합니다. 그런 분위기가 계속되면 사소한 일로 다툼이 생깁니다. 이런 환경을 좋아할 사람은 없을 것입니다.

예외도 있습니다. 독신이나 혼자 된 분에게는 이성친구가 있는 것도 좋은 일이 될 것입니다. 이런 분들은 외로울 수 있으므로 이성친구가 있다면 많은 위로와 도움이 될 것입니다.

어느 결혼한 남자가 대학생 때 친구로 지낸 여자 친구를 가끔 만났습니다. 그는 아내에게 솔직하게 "학생 때부터 알고 있는 여자 친구인데 절대로 오해받을 친구가 아니다. 그러니 믿어 달라."라고 말했습니다. 아내는 기분은 나빴지만 어쩔 수 없이 알겠다고 말했습니다.

그러나 10여 년이 지나서도 남편이 그 여자 친구를 만나자, 아내가 말했습니다.

"그 친구 만나지 마! 더 이상 만나면 이혼할 거야! 무슨 여자가 결혼한 남자를 10년씩이나 만나? 당신 그 여자와 연애하는 거 아냐?"

이런 문제로 자주 다투다가 부부 사이가 멀어졌습니다. 결국, 남편은 여자 친구를 만나지 않게 되었습니다.

어떤 여자는 결혼 후에 남편과 정신적인 문제로 이혼하여 혼자 살고 있습니다. 그러다 직장에서 혼자 사는 남자를 사귀게 되었습니다. 하지만 그 여자는 다시 결혼하고 싶지 않았습니다. 결혼해서 남편에게 매여 사는 것도 싫었고, 남편 눈치 보고 비위 맞추는 것도 싫었습니다. 아무리 좋아도 결혼은 하지 않겠다고 결심하고 독신주의자가 되었습니다.

그래서 남자를 만나는 것도 결혼은 전혀 생각하지 않고 친구로만 지낸다고 합니다. 힘들고 답답할 때 마음 터놓고 이야기하면 속이 편해진다고 합니다. 그리고 가끔 힘을 써서 일해야 할 일이 있으면 와서 도와주어서 남자 친구가 있는 것이 좋다고 합니다.

바른 친구 관계는 사람에게 도움이 됩니다.

04 느낀 점을 말씀드리겠습니다

05 실천할 것을 말씀드리겠습니다

06 결심기도

07 매일 실천한 것을 일기 쓰십시오

03 동성애
인성교육

01 암송하겠습니다
(레 20:13)

"누구든지 여인과 동침하듯 남자와 동침하면 둘 다 가증한 일을 행함인즉 반드시 죽일지니 자기의 피가 자기에게로 돌아가리라."

02 뜻을 말씀드리겠습니다

동성애(동성애자, 동성연애) : 같은 성(性)을 가진 사람을 사랑하는 사람.

03 이야기하겠습니다

동성애를 해서는 안 되는 이유입니다.
① 남녀 간에 사랑의 윤리가 무너집니다.
　남녀가 결혼하여 자녀를 낳고 사는 것이 지금까지 인류가 하는 일인데 이런 윤리를 무너뜨리는 것입니다.
② 아빠, 엄마의 윤리가 무너집니다.
　남자끼리 결혼하면 둘 중에 한쪽 남자가 엄마가 되는 것이고, 여자끼리 결혼하면 둘 중에 한쪽 여자가 아빠가 되는 것입니다. 남자는 아빠, 여자는 엄마라는 윤리가 무너집니다.
③ 사위와 며느리 윤리가 무너집니다.

사위가 여자가 되고 며느리가 남자가 되는 일이 생기면 가정윤리가 무너집니다.
④ 부모는 통곡할 일입니다.
⑤ 남·녀의 성 윤리가 무너집니다.
 남자끼리 성관계하고 여자끼리 성관계하면 이것을 변태라고 했습니다. 이런 것이 합법화되면 성 윤리가 무너집니다. 그리고 같은 동성끼리 성생활을 하는 사람은 여러 명의 동성과 성관계하는 것을 죄로 여기지 않습니다.
⑥ 에이즈 발생이 높아집니다.
 에이즈는 걸리면 죽는 병입니다. 그리고 엄청난 치료비가 들고 이 사실을 숨기고 살아야 합니다.
⑦ 사람을 창조하신 하나님께서 하지 말라고 하십니다.
 성경 레위기 20장 13절에 "누구든지 여인과 동침하듯 남자와 동침하면 둘 다 가증한 일을 행함인즉 반드시 죽일지니 자기의 피가 자기에게로 돌아가리라."라고 하십니다. 즉, 하나님은 남자끼리 동침하면 죽이라고 말씀하십니다.
 동성애자를 미워하는 것이 아닙니다. 정상적인 사람이 가는 길이 아니므로 하지 말라는 것입니다. 자녀가 잘못된 길을 가는데 그대로 하라는 부모는 없습니다. 그러므로 돌이켜 힘들어도 타고난 성을 가지고 살아가라는 말입니다.
 육신을 가진 모든 사람은 세상을 사는 것이 힘들고 지칩니다. 그러나 자기를 부인하고 인내하며 자기에게 주어진 사명과 책임을 짊어지고 예수님 뒤를 따라가는 것입니다.
 이렇게 살아온 사람들은 늙어서 내 사명을 감당했다고 기쁨으로 죽을 수 있습니다.

04 느낀 점을 말씀드리겠습니다

05 실천할 것을 말씀드리겠습니다

06 결심기도

07 매일 실천한 것을 일기 쓰십시오

04 음란

인성교육

01 암송하겠습니다

(마 12:39)

"예수께서 대답하여 이르시되 악하고 음란한 세대가 표적을 구하나 선지자 요나의 표적 밖에는 보일 표적이 없느니라."

02 뜻을 말씀드리겠습니다

음란 : 음탕하고 난잡함(이성관계가 정상을 벗어나 마음과 생각이 엉큼하고 못되고 잡되게 행동하는 것).

03 이야기하겠습니다

하나님은 음란을 싫어하십니다.

① 음란은 마음에서 나옵니다. 자신의 마음을 통제해야 합니다.

(막 7:21) "속에서 곧 사람의 마음에서 나오는 것은 악한 생각 곧 음란과 도둑질과 살인과"

② 음란한 사람은 요나처럼 회개하는 표적을 참고해야 합니다.

(마 16:4) "악하고 음란한 세대가 표적을 구하나 요나의 표적 밖에는 보여 줄 표적이 없느니라 하시고 그들을 떠나 가시니라."

③ 단정하고 음란하지 말아야 합니다.

(롬 13:13) "낮에와 같이 단정히 행하고 방탕하거나 술 취하지 말며 음란하거나 호색하지 말며 다투거나 시기하지 말고"

④ 하나님의 뜻은 음란하지 말고 거룩하게 살아야 한다는 것입니다.

(살전 4:3) "하나님의 뜻은 이것이니 너희의 거룩함이라. 곧 음란을 버리고"

⑤ 음란을 따라가면 불의 형벌을 받습니다.

(유 1:7) "소돔과 고모라와 그 이웃 도시들도 그들과 같은 행동으로 음란하며 다른 육체를 따라 가다가 영원한 불의 형벌을 받음으로 거울이 되었느니라."

음란의 끝은 하나님의 심판입니다.

04 느낀 점을 말씀드리겠습니다

05 실천할 것을 말씀드리겠습니다

06 결심기도

07 매일 실천한 것을 일기 쓰십시오

교인보감 3

01장 하나님의 심판

02장 종말

03장 부활

04장 영생

05장 영벌

06장 하늘 상급

Part 07 종말편 영성교육

01 하나님의 심판

영성교육

01 암송하겠습니다

(계 20:12)

"또 내가 보니 죽은 자들이 큰 자나 작은 자나 그 보좌 앞에 서 있는데 책들이 펴 있고 또 다른 책이 펴졌으니 곧 생명책이라. 죽은 자들이 자기 행위를 따라 책들에 기록된 대로 심판을 받으니"

02 뜻을 말씀드리겠습니다

하나님의 심판 : 하나님 말씀에 불순종하는 자들을 현재와 미래에 심판하는 것을 말함.

03 이야기하겠습니다

세상에 사는 모든 사람은 하나님의 심판을 받게 됩니다. 자신이 믿든 안 믿든 받습니다. 아무도 피할 수 없습니다. 그러므로 하나님의 심판 종류를 배워야 합니다.

① 개인 심판이 있습니다.

개인이 죄를 범할 때 받는 심판입니다. 각각 자기 행위대로 받는 심판입니다.

가룟 유다가 예수님을 배신하고 심판을 받아 육체는 자살하고 영은 영벌을 받았습니다.

② 가족에 대한 심판이 있습니다.

가족의 가장이나 가족 일원이 죄를 범할 때 자녀까지 심판을 받습니다.

여리고를 점령할 때 하나님의 명령을 거역하고 욕심을 부려 금화와 외투를 숨겨둔 아간이 제비뽑기에서 걸려 죄가 드러났고 그 가족이 모두 심판을 받아 죽었습니다.

③ 죄짓는 무리에 대한 심판이 있습니다.

여러 사람이 무리를 지어 하나님께 죄를 범할 때 받는 심판입니다. 그러므로 파당을 지어 죄짓는 일을 하지 말아야 합니다.

민수기 16장에 고라, 다단, 온이 당을 짓고 이스라엘 회중 가운데 지휘관 250명과 함께 모세를 대적했습니다. 하나님께서 진노하심으로 땅이 갈라져 그 가족들을 삼켰고, 지도자 250명은 불이 나와 태워버렸습니다.

④ 국가에 대한 심판이 있습니다.

국가가 하나님의 말씀을 무시하고 죄를 범할 때 받는 심판입니다. 어느 나라든지 하나님을 모독하고 죄악을 행하면 심판을 받습니다.

북쪽 이스라엘 나라가 계속 우상숭배를 하므로 여러 선지자를 보내서 회개하라고 하셨지만 말을 듣지 않자, 앗수르 나라를 일으켜 전쟁을 통해서 심판하여 나라가 없어지게 하셨습니다.

⑤ 세상 심판이 있습니다.

세상이 죄악에 빠져 있을 때 받는 심판입니다. 이것을 세상 종말이라고 합니다.

노아시대 때 세상은 물로 이미 심판받은 경험이 있습니다. 세상 끝에는 불로 심판하시겠다고 예언되어 있습니다.

04 느낀 점을 말씀드리겠습니다

05 실천할 것을 말씀드리겠습니다

06 결심기도

07 매일 실천한 것을 일기 쓰십시오

02 종말

영성교육

01 암송하겠습니다

(행 17:31)

"이는 정하신 사람으로 하여금 천하를 공의로 심판할 날을 작정하시고 이에 그를 죽은 자 가운데서 다시 살리신 것으로 모든 사람에게 믿을 만한 증거를 주셨음이니라 하니라."

02 뜻을 말씀드리겠습니다

종말 : 지구와 사람들이 하나님께 최후에 심판을 받아 멸망한다는 말.

03 이야기하겠습니다

성경 여러 곳에 지구의 종말을 예언하고 있습니다. 때와 시기는 모르지만, 예수님도 지구 종말을 말씀하셨습니다. 세상 종말에 관해 예수님께서 말씀하신 마태복음 24장의 내용을 요약합니다.

"사람들이 기독교인을 박해하고 심지어 죽이기까지 할 것이다. 그리고 기독교인들이 모든 민족에게 미움을 받을 것이다. 그때에 배교자가 많이 나올 것이고 서로 살려고 적에게 넘겨 줄 것이다. 거짓 예언자들이 나올 것이며 불법이 많아져서 사랑이 식을 것이다.
하늘나라 복음이 땅 끝까지 전파될 것이며 멸망의 가증한 것이 거룩한 곳에 서게 될 것이다. 그때에 큰 환난이 있을 것이고 거짓 그리스도와 거짓 선지자가 큰 표적과 기사를 보이며 미혹할 것이다. 그리스도가 광야나 골방에 있다고 해도 나가지 말고 믿지도 말라. 번개가 동편에서 나서 서편까지 번쩍임 같이 인자의 임함과 심판도 그러하리라. 죽음이 있는 곳에 독수리들이 모이리라.

환난 후에 해가 어두워지고 별들이 떨어지고 하늘에 이상한 징조가 보이겠고, 땅의 모든 족속이 통곡하며 인자가 구름 타고 오는 것을 보리라. 구원받는 자들은 하늘 이 끝에서 저 끝까지 사방에서 모으리라.

천지는 없어질지언정 내 말은 없어지지 아니하리라. 그러나 그 날과 그 때는 아무도 모르나니 하늘의 천사들도, 아들도 모르고 오직 아버지만 아시느니라. 그때 사람들은 노아의 때와 같이 먹고 장가들고 시집가고 집 짓고 사는 것만 알고 인자의 임함을 모를 것이다. 그때 구원받은 자는 들림이 있을 것이다."

우리가 사는 현재를 '말세지말'이라고 합니다. 세상 종말은 분명히 있습니다. 언제일지 모르나 분명히 있습니다. 그러므로 슬기로운 다섯 처녀처럼 신랑 되신 예수님의 재림과 심판을 준비하는 신앙이 되어야 합니다.

04 느낀 점을 말씀드리겠습니다

05 실천할 것을 말씀드리겠습니다

06 결심기도

07 매일 실천한 것을 일기 쓰십시오

03 영성교육
부활

01 암송하겠습니다

(벧전 1:3)

"우리 주 예수 그리스도의 아버지 하나님을 찬송하리로다. 그의 많으신 긍휼대로 예수 그리스도를 죽은 자 가운데서 부활하게 하심으로 말미암아 우리를 거듭나게 하사 산 소망이 있게 하시며

02 뜻을 말씀드리겠습니다

부활 : 사람이 죽었다가 하나님의 능력으로 다시 살아난다는 말.

03 이야기하겠습니다

사도 바울이 부활에 대해서 잘 말씀해 주고 있습니다.

(고전 15:13~22) "죽은 자들의 부활이 없다면, 그리스도께서도 다시 살아나지 못하셨을 것입니다. 그리고 그리스도께서 다시 살아나지 못하셨다면, 우리가 전파한 복음도 헛되며 여러분의 믿음도 헛될 것입니다.

그뿐만이 아닙니다. 우리는 하나님께서 그리스도를 다시 살리셨다고 그분에 대해 증언했으니, 하나님에 대해 거짓 증언한 사람들로 판명될 것입니다.

죽은 자들이 다시 살아나지 못한다면, 하나님께서 그리스도를 다시 살리지 않았을 것입니다. 참으로 죽은 자들이 다시 살아나는 일이 없다면 그리스도께서도 다시 살아나지 못했을 것입니다.

 그리고 그리스도께서 살아나지 않으셨다면 믿음은 공허한 것이 될 뿐더러 여러분은 여전히 죄 가운데 있을 것입니다. 그렇게 되면 그리스도를 믿다가 죽은 사람들도 멸망했을 것입니다. 우리가 그리스도 안에서 소망하는 것이 이 세상 삶에 그친다면, 우리는 이 세상 누구보다도 불쌍한 사람들일 것입니다. 그러나 이제 그리스도께서는 죽은 자들 가운데서 다시 살아나, 잠자는 자들의 첫 열매가 되셨습니다. 죽음이 한 사람(아담)을 통해 온 것처럼 죽은 자들의 부활도 한 사람(예수님)을 통해 옵니다. 아담 안에서 모든 사람이 죽은 것같이 그리스도 안에서 모든 사람이 생명을 얻게 될 것입니다."

 부활은 다른 종교에는 없습니다. 기독교에만 있습니다. 그러므로 예수님이 메시아입니다.

 예수님은 부활이 있음을 자신이 사흘 만에 부활하여 증명하셨습니다. 그리고 야이로의 딸을 살리셨고 나인 성의 과부의 아들을 살리셨고 베다니 나사로를 살리셨습니다.

 우리도 부활시켜 영원히 살게 해 주신다고 약속하셨습니다. 이 사실을 믿는 자는 부활하게 될 것입니다.

04 느낀 점을 말씀드리겠습니다

05 실천할 것을 말씀드리겠습니다

06 결심기도

07 매일 실천한 것을 일기 쓰십시오

04 영성교육
영생

01 암송하겠습니다

(롬 6:22)

"그러나 이제는 너희가 죄로부터 해방되고 하나님께 종이 되어 거룩함에 이르는 열매를 맺었으니 그 마지막은 영생이라."

02 뜻을 말씀드리겠습니다

영생 : 영원한 생명을 얻어 하나님 나라에서 영원히 사는 것.

03 이야기하겠습니다

영생 얻는 법을 정확하게 아십니까?

(눅 18:18) "어떤 관리가 물어 이르되 선한 선생님이여, 내가 무엇을 하여야 영생을 얻으리이까?"

(눅 18:20~22) "[20] 네가 계명을 아나니 간음하지 말라, 살인하지 말라, 도둑질하지 말라, 거짓 증언하지 말라, 네 부모를 공경하라 하였느니라. [21] 여짜오되 이것은 내가 어려서부터 다 지키었나이다. [22] 예수께서 이 말을 들으시고 이르시되 네게 아직도 한 가지 부족한 것이 있으니 네게 있는 것을 다 팔아 가난한 자들에게 나눠 주라. 그리하면 하늘에서 네게 보화가 있으리라. 그리고 와서

나를 따르라 하시니"

예수님은 이 관리가 부자인 것을 아시고, 십계명은 모두 지켰으나 이웃 사랑을 실천하지 못한 것을 말씀하시고 이웃 사랑을 명령하셨습니다. 그러면 영생도 얻고 제자도 될 수 있다고 말씀하셨으나 그 관리는 근심하고 따르지 못했습니다.

이때 베드로가 말했습니다.

(눅 18:28~30) "[28] 베드로가 여짜오되 보옵소서. 우리가 우리의 것을 다 버리고 주를 따랐나이다. [29] 이르시되 내가 진실로 너희에게 이르노니 하나님의 나라를 위하여 집이나 아내나 형제나 부모나 자녀를 버린 자는 [30] 현세에 여러 배를 받고 내세에 영생을 받지 못할 자가 없느니라 하시니라."

(눅 10:25) "어떤 율법교사가 일어나 예수를 시험하여 이르되 선생님 내가 무엇을 하여야 영생을 얻으리이까?"

(눅 10:27~28) "[27] 대답하여 이르되 네 마음을 다하며 목숨을 다하며 힘을 다하며 뜻을 다하여 주 너의 하나님을 사랑하고 또한 네 이웃을 네 자신 같이 사랑하라 하였나이다. [28] 예수께서 이르시되 네 대답이 옳도다. 이를 행하라. 그러면 살리라."

예수님은 분명히 하나님을 사랑하고 이웃을 사랑하는 것을 실천하는 신앙이면 영생을 얻는다는 말씀을 하신 것입니다.

(요 3:36) "아들을 믿는 자에게는 영생이 있고 아들에게 순종하지 아니하는 자는 영생을 보지 못하고 도리어 하나님의 진노가 그 위에 머물러 있느니라."

이 말씀은 예수 그리스도를 믿는 사람은 성자하나님의 말씀에 순종한다는 것입니다. 즉 하나님의 말씀에 순종합니다. 그런 사람은 영생을 얻었다는 것입니다.

(요 14:21) "나의 계명을 지키는 자라야 나를 사랑하는 자니 나를 사랑하는 자는 내 아버지께 사랑을 받을 것이요 나도 그를 사랑하여 그에게 나를 나타내리라."

04 느낀 점을 말씀드리겠습니다

05 실천할 것을 말씀드리겠습니다

06 결심기도

07 매일 실천한 것을 일기 쓰십시오

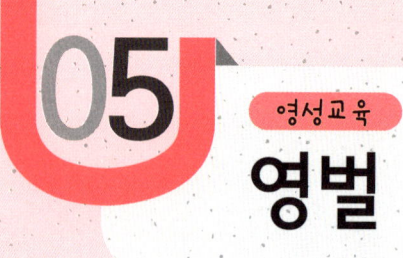

05 영성교육
영벌

01 암송하겠습니다

(마 5:30)

"또한 만일 네 오른손이 너로 실족하게 하거든 찍어 내버리라. 네 백체 중 하나가 없어지고 온 몸이 지옥에 던져지지 않는 것이 유익하니라."

02 뜻을 말씀드리겠습니다

영벌 : 하나님께 벌을 받아 지옥에 갇혀 영원히 고통 받는 것.

03 이야기하겠습니다

예수님은 영벌에 들어가서는 안 된다고 강조하고 계십니다.

(마 18:8~9) "만일 네 손이나 네 발이 너를 범죄하게 하거든 찍어 내버리라. 장애인이나 다리 저는 자로 영생에 들어가는 것이 두 손과 두 발을 가지고 영원한 불에 던져지는 것보다 나으니라. 만일 네 눈이 너를 범죄하게 하거든 빼어 내버리라. 한 눈으로 영생에 들어가는 것이 두 눈을 가지고 지옥 불에 던져지는 것보다 나으니라."

영벌 받는 장소는 마귀와 그 종들을 위해 예비된 것이라고 합니다. 그러나 하나님의 말씀을 믿지 않고 불순종하여 하나님 사랑과 이웃 사랑을 실천하지 않은 사람들은 그곳에 들어간다고 말씀하십니다.

(마 25:41~46) "[41] 또 왼편에 있는 자들에게 이르시되 저주를 받은 자들아, 나를 떠나 마귀와 그 사자들을 위하여 예비된 영원한 불에 들어가라. [42] 내가 주릴 때에 너희가 먹을 것을 주지 아니하였고 목마를 때에 마시게 하지 아니하였고 [43] 나그네 되었을 때에 영접하지 아니하였고 헐벗었을 때에 옷 입히지 아니하였고 병들었을 때와 옥에 갇혔을 때에 돌보지 아니하였느니라 하시니 [44] 그들도 대답하여 이르되 주여 우리가 어느 때에 주께서 주리신 것이나 목마르신 것이나 나그네 되신 것이나 헐벗으신 것이나 병드신 것이나 옥에 갇히신 것을 보고 공양하지 아니하더이까. [45] 이에 임금이 대답하여 이르시되 내가 진실로 너희에게 이르노니 이 지극히 작은 자 하나에게 하지 아니한 것이 곧 내게 하지 아니한 것이니라 하시리니 [46] 그들은 영벌에, 의인들은 영생에 들어가리라 하시니라."

양의 무리에 속하지 못하고 염소의 무리에 속한 자들은 영벌을 받게 됩니다. 즉, 사랑을 알고는 있으나 실천하지 않은 사람들은 영벌에 들어간다는 말씀입니다.

(눅 11:28) "예수께서 이르시되 오히려 하나님의 말씀을 듣고 지키는 자가 복이 있느니라 하시니라."

04 느낀 점을 말씀드리겠습니다

05 실천할 것을 말씀드리겠습니다

06 결심기도

07 매일 실천한 것을 일기 쓰십시오

06 하늘 상급

영성교육

01 암송하겠습니다

(벧전 1:7)

"너희 믿음의 확실함은 불로 연단하여도 없어질 금보다 더 귀하여 예수 그리스도께서 나타나실 때에 칭찬과 영광과 존귀를 얻게 할 것이니라."

02 뜻을 말씀드리겠습니다

하늘 상급 : 세상에서 믿음으로 살면서 하나님께 충성과 헌신한 사람들에게 하늘나라에서 상급을 주어 기쁘게 하는 것.

03 이야기하겠습니다

세상에서도 충성된 사람에게 상을 줍니다. 하늘나라에서도 충성된 사람에게 상을 줍니다.

세상에서 받는 영광은 잠깐이지만 하나님 나라에서 받는 영광은 영원합니다. 어떤 것이 더 가치가 있겠습니까?

(롬 8:18) "생각하건대 현재의 고난은 장차 우리에게 나타날 영광과 비교할 수 없도다."

믿음의 사람들은 하나님께 충성과 헌신하였습니다. 믿음이 없는 사람들은 세상에 충성하고 헌신하였습니다.

이 땅에 살 때 상류층이라고 불리며 아주 호화롭게 살면서 부러움을 받던 한 남자가 있었습니다.
그가 죽어서 천국에 도착하자, 한 천사가 마중을 나왔습니다. 천사는 그가 앞으로 살 집을 안내하겠다고 하며 그를 데리고 어디론가 가기 시작했습니다.
남자는 자신이 세상에 있을 때 살던 집과는 비교도 되지 않는 황금의 저택들 사이로 걸어갔습니다. 그는 자신이 세상에서 이런 집들과 비슷한 곳에서 살았으니 자기도 이런 집 중의 하나가 주어질 것이라고 기대했습니다.
그러나 저택들을 다 지나 통과한 뒤, 맨 끄트머리에 있는 낡고 작은 집들이 있는 곳에 이르렀습니다. 천사는 그중에서도 가장 허름한 집을 가리키며 "여기가 당신이 앞으로 살 집입니다."라고 말했습니다. 놀라고 당황한 남자는 천사에게 항의했습니다.
"아니, 나보고 이런 집에서 살라고요? 저쪽의 저택들을 두고 왜 나보고 이런 형편없는 집에서 살라고 합니까?"
그러자 천사가 말했습니다.
"죄송합니다. 당신이 세상에서 살 때 올려 보낸 재료로는 아무리 해도 이런 집밖에 지을 수가 없었습니다."

이 세상에서의 삶은 단 한 번입니다. 그러나 이 세상에서 우리가 한 행실로 인해 천국에서의 상급이 정해진다고 합니다. 그러므로 천국을 소망하고 영원한 상급을 소망하는 사람은 이 세상에서의 삶이 달라져야 할 것으로 생각합니다.
고아와 과부, 가난한 자를 도우며 내 것을 나누고, 많은 영혼을 옳은 데로 돌아오게 한 사람은 반드시 천국에서 커다란 상급이 기다리고 있을 것입니다.

하나님이 기뻐하시는 인생을 사는 성도가 되십시오. 하나님은 상 주신다는 약속을 여러 곳에 많이 하셨습니다.

(고전 3:8) "심는 이와 물 주는 이는 한가지이나 각각 자기가 일한 대로 자기의 상을 받으리라."

(계 22:12) "보라 내가 속히 오리니 내가 줄 상이 내게 있어 각 사람에게 그가 행한 대로 갚아 주리라."

'나는 상 받을 일을 얼마나 했는가?' 생각하시고 상 받을 일을 많이 하십시오. 공의로우신 하나님은 영원한 영광의 상을 충성과 헌신한 사람에게 주십니다.

04 느낀 점을 말씀드리겠습니다

05 실천할 것을 말씀드리겠습니다

06 결심기도

07 매일 실천한 것을 일기 쓰십시오

장년부 | 인성·영성교육

장년부 | 인성·영성교육

편저 권영구
그림 이선희
초판발행 2016년 12월 25일
초판 2쇄 2023년 4월 7일
펴낸곳 52출판
등록번호 제390 - 2004 - 00006호
주소 경기도 광명시 소하로 162, 706동 604호(소하동, 휴먼시아)
전화번호 (02)2617 - 2044
FAX (02)899 - 9189
홈페이지 www.cross9191.com / www.52ch.kr
구입문의 (02)2617 - 2044, 2685 - 0423

ISBN 978 - 89 - 91822 - 71 - 9 04230
ISBN 978 - 89 - 91822 - 54 - 2 (세트)
값 12,000원

저자와의 협약아래 인지는 생략되었습니다.
이 출판물은 저작권법에 의해 보호를 받는 저작물이므로 무단 전재와 복제를 할 수 없습니다.